DIETMAR PEITSCH

SPIONAGE IN BERLIN

AGENTEN IM KALTEN KRIEG

ELSENGOLD

HEISSE
WÜRSTE

VORWORT

Akten des MfS in der sogenannten Stasi-Unterlagenbehörde

Ein Buch über Spionage zu schreiben begegnet der Schwierigkeit, dass Geheimdienste im Verborgenen arbeiten und nur sehr wenig über ihre Tätigkeit öffentlich bekannt wird. Das gilt zum großen Teil auch für die während des Kalten Krieges in Berlin stationierten oder hier handelnden Dienste und ihre Zuträger. Allerdings ist die Zugangslage zu den Informationen unterschiedlich. Akten über die Spionage des Ministeriums für Staatssicherheit (MfS) lagerten bis zum 17. Juni 2021 beim Bundesbeauftragten für die Unterlagen des Staatssicherheitsdienstes der ehemaligen Deutschen Demokratischen Republik (BStU), der sogenannten Stasi-Unterlagenbehörde. Heute gehören sie zum Stasi-Unterlagen-Archiv des Bundesarchivs. Dort stehen sie für die Auswertung zur Verfügung. Allerdings sind viele Unterlagen bei der Auflösung des MfS vernichtet worden, und vieles von dem, was noch vorhanden ist, konnte bisher noch nicht erschlossen werden.

Über die Tätigkeiten anderer Geheimdienste ist kaum etwas bekannt. Die westalliierten Dienststellen verweigern bis heute die Akteneinsicht, auch russische Geheimdienste sperren sich gegen die Freigabe der Akten des Komitees für Staatssicherheit (KGB). Der Bundesnachrichtendienst (BND) hat im Jahre 2011 eine Unabhängige Historikerkommission einberufen, die die Geschichte des Nachrichtendienstes von 1945 bis 1968 erforscht. Dazu haben die Mitglieder der Kommission Einblick in alte Unterlagen erhalten. Die Aktenführung war in den frühen Jahren des BND jedoch so unpräzise, dass sich nicht immer ein schlüssiges Gesamtbild seiner Arbeit entwickeln lässt. Zudem standen die Berlinbezüge nicht im Vordergrund der Arbeit der Kommission.

Über einen Umweg lassen sich dennoch einige Schlüsse auf die Arbeit westlicher Dienste ziehen. Die Hauptabteilung IX des MfS, die für die Strafverfolgung von Spionagedelikten zuständig war, verfasste über viele Jahre hinweg monatliche Berichte an Minister Mielke über Spionageaktivitäten westlicher Geheimdienste. Der britische Historiker Paul Maddrell hat diese Berichte bei der Stasi-Unterlagenbehörde analysiert und kommt zu einigen interessanten Feststellungen.

Eine zweite Informationsquelle neben offiziellen Akten sind Berichte ehemaliger Mitarbeiter der Geheimdienste und von Spionen. Ich werde diese Darstellungen in mein Buch einfließen lassen und auch einiges aus meinen eigenen Erlebnissen als Geheimschutzbeauftragter des Polizeipräsidenten in Berlin erzählen. Damals gehörte die Spionageabwehr zu meinen Aufgaben. Aus solchen Erfahrungsberichten lassen sich durchaus wertvolle Erkenntnisse gewinnen, auch wenn sie subjektiv gefärbt sind.

Schließlich hat auch die Presse einiges dazu beigetragen, dass geheime Spionagevorfälle bekannt geworden sind. So ist zum Beispiel die Entführung des MfS-Spions Jeffrey Carney durch einen amerikanischen Geheimdienst auf offener Straße in Berlin erstmalig durch Presseberichte öffentlich geworden.

Ein Kapitel dieses Buches befasst sich mit dem Versuch des MfS, mich als Inoffiziellen Mitarbeiter zu werben. Ich schreibe diese Erlebnisse nicht deshalb auf, weil sie besonders spektakulär waren, sondern um die typische Vorgehensweise des DDR-Geheimdienstes bei der Gewinnung von Spionen zu beschreiben.

Meine Darstellung der Spionage in Berlin während des Kalten Krieges basiert in erster Linie auf bereits veröffentlichten Informationen. Bei der Auswertung der Unterlagen bin ich so vorgegangen, wie die Auswerter der Nachrichtendienste es tun: Ich habe mich möglichst nicht ausschließlich auf eine Quelle gestützt, sondern Vergleichsquellen herangezogen, die ich gegeneinander abgeglichen habe. So habe ich versucht, die Glaubwürdigkeit der Informationen zu ermitteln. Zu Hilfe kam mir dabei meine langjährige Tätigkeit beim Berliner Verfassungsschutz, wo ich die Methoden der Verifizierung von Informationen kennengelernt habe. Beim Vergleich der verschiedenen Quellen musste ich feststellen, dass sie sich teilweise widersprachen oder ungenau waren. Nicht immer ließ sich der Wahrheitsgehalt bis ins Letzte ermitteln. Trotz aller Widrigkeiten lässt sich heute ein recht gutes Gesamtbild der Spionage in Berlin während des Kalten Krieges entwickeln, das zeigt, wie Berlin im Zentrum der Ost-/Westspionage stand.

SPIONAGE – DAS ZWEITÄLTESTE GEWERBE DER WELT

Spionage ist das zweitälteste Gewerbe der Welt, heißt es. Dieser Satz enthält viel Wahres. Bis ins Altertum lässt sich die heimliche Informationsbeschaffung zurückverfolgen. Was ist es, das die Spionage zu einem nicht wegzudenkenden Teil unserer Geschichte macht? Der Philosoph Francis Bacon dürfte den Grund dafür richtig erkannt haben: Wissen ist Macht. Wer ist es, mit dem ich es zu tun habe? Was plant er, wie handelt er, mit wem ist er verbündet? Das sind die Fragen, die von alters her diejenigen umtreiben, die Staaten regieren, die ihre Macht sichern oder erweitern wollen, die Verbündete suchen oder Gegner aufzuspüren trachten.

Spionage spielt sich nach unserem Verständnis im Dunkeln ab, niemand weiß genau, was im Dickicht der Geheimdienste geschieht, niemand kennt die Akteure, niemand weiß, wie Geheimdienste tatsächlich arbeiten. Spionage kennen wir hauptsächlich aus Romanen und Filmen, dort lesen und sehen wir von den Superhelden James Bond und Jack Ryan, oder aber von dem Antihelden George Smiley in den Werken von John le Carré. Weder die einen noch der andere entsprechen dem Bild eines realen Spions. Wie sieht der nun aus, wie handelt er, wie arbeiten Geheimdienste in der Realität?

Vieles ist banal, vieles ist bürokratisch, manches ist langweilig, einiges ist aber auch atemberaubend und teilweise kaum zu glauben. Das gilt gerade für die Zeit des Kalten Krieges und ganz besonders für Berlin. Einbrüche, Überfälle, Erpressungen, Entführungen und sogar Morde gehörten hier zum Geschäft der Geheimdienste. In Berlin spielte sich damals ein Geheimdienstkrieg ohne Beispiel ab.

EIN ANFANG NACH DEM ENDE

Der Aufbau der Geheimdienste in Berlin nach Ende des Zweiten Weltkriegs

Im Mai 1945 lag Berlin in Trümmern. Die Bevölkerung kämpfte ums Überleben, musste sich darum sorgen, die tägliche Lebensmittelration zu erhalten, musste den Schutt der zerbombten Häuser zur Seite räumen und den Verkehr wieder zum Laufen bringen. Mit aller Kraft begannen die Menschen sofort nach dem Ende der Kampfhandlungen mit dem Wiederaufbau der Stadt. Schon am 14. Mai 1945 verkehrte wieder eine U-Bahn, am 26. Mai gaben die Berliner Philharmoniker ihr erstes Nachkriegskonzert. Der sowjetische Stadtkommandant Nikolai Erastowitsch Bersarin organisierte energisch den Aufbau einer neuen Stadtpolizei, die Wiederinbetriebnahme der Gas-, Wasser- und Elektroenergieversorgung, kümmerte sich um die Beschaffung von Lebensmitteln und den Neubeginn des Schulbetriebs. Übergriffe sowjetischer Soldaten auf die Berliner Bevölkerung ahndete er konsequent, Vergewaltiger wurden mit dem Tode bestraft.

Was sich hinter den Kulissen abspielte, bemerkte die Bevölkerung nicht. Als im Sommer 1945 die Westalliierten in Berlin einzogen und ihre in der Konferenz von Jalta festgelegten Sektoren in Besitz nahmen, war die Atmosphäre zwischen ihnen und der sowjetischen Besatzungsmacht angespannt. Schon während des Zweiten Weltkriegs hatte sich die Waffenbrüderschaft getrübt. Die Sowjetunion auf der einen Seite, die westlichen Siegerstaaten auf der anderen begegneten sich mit zunehmendem Misstrauen. Deshalb kam man 1945 schnell zu der Überzeugung, dass es der Schutz der eigenen Streitkräfte im jeweils besetzten Teil Deutschlands gebot, Informationen darüber zu erlangen, was die andere Seite plante. Dazu benötigte man gut organisierte Geheimdienste.

Die Organisation des Geheimdienstwesens aller vier Besatzungsmächte um 1945 war unübersichtlich. Die Amerikaner besaßen bis zum Zweiten Weltkrieg kein gut ausgebautes Spionagesystem. Um die geheimdienstliche Situation während des Krieges zu verbessern, wurde 1942 das Office of Strategic Services (OSS) eingerichtet. Bereits zum Ende des Krieges löste man diesen Dienst aber wieder auf und integrierte ihn teilweise in die Central Intelligence Corps (CIC). 1947 gründete die US-Regierung dann die Central Intelligence Agency (CIA), deren Berliner Außenstelle Berlin Operating Base (BOB) hieß. Eine wichtige Rolle in Berlin spielte auch der Armee-Geheimdienst United States Army Intelligence and Security Command (INSCOM).

Die ersten US-Geheimdienstler landeten am 4. Juli 1945 auf dem Flughafen Tempelhof. Sie schlugen ihr Quartier in dem Gebäudekomplex des ehemaligen Kommandostands von Generalfeldmarschall Wilhelm Keitel im Föhrenweg in Dahlem auf und organisierten dort die BOB. Die Gruppe der Geheimdienstler vergrößerte sich schnell. Als das Areal am Föhrenweg zu klein wurde, zog die BOB in die Kaserne in der Clayallee um. Dort wuchs sie schließlich zu einer der größten Basen der CIA außerhalb der Vereinigten Staaten.

Sitz der ersten US-Geheimdienstler war das Haus Föhrenweg 21 in Berlin-Dahlem.

Für Großbritannien arbeitete Anfang des 20. Jahrhunderts der Secret Intelligence Service (SIS), auch als Military Intelligence, Abteilung 6 (MI 6) bekannt. Die ersten britischen Geheimdienstler in Berlin hatten ihren Standort auf dem militärisch genutzten Flugplatz Gatow. Neben dem MI 6 betrieb eine Signal Unit der Royal Air Force von Gatow aus, später in der Abhörstation auf dem Teufelsberg, die Funkaufklärung gen Osten. Ein weiterer britischer Dienst in Berlin waren die Government Communications Headquarters (GCHQ), die ebenfalls Funkaufklärung betrieben.

Die Franzosen gründeten 1945den Service de Documentation Extérieure et de Contre-Espionnage (SDECE). Während Amerikaner und Briten in vielen Teilen der Aufklärung in Berlin zusammenarbeiteten, verfolgten die Franzosen ihre geheimdienstlichen Interessen separat. Einer ihrer Stützpunkte befand sich in der Rue Montesquieu in Waidmannslust, wo sie mit dem BND zusammenarbeiteten. Da der BND als Bundesbehörde offiziell nicht in Berlin tätig werden durfte, nannte sich seine Einheit Arbeitsgruppe für Vergleichsuntersuchungen.

Die Geheimdienste der Sowjetunion wurden im 20. Jahrhundert mehrfach umorganisiert, bis 1954 der KGB entstand. Bis zu seiner Gründung lag die Spionage in Berlin in den Händen des Ministeriums für Staatssicherheit (MGB) und des Auslandsgeheimdienstes Komitet Informatij (KI).

Der KGB war zunächst in verschiedenen Gebäuden in Karlshorst stationiert, bis die Zentrale 1960 in der ehemaligen Pionierschule der deutschen Wehrmacht in Karlshorst eingerichtet wurde, wo schon der Geheimdienst der Sowjetarmee GRU sein Domizil hatte. Weil sich die Dienststellen von KGB und GRU gegenseitig nicht über den Weg trauten, waren ihre Areale durch eine Mauer voneinander getrennt. Die beiden Dienste arbeiteten im besten Fall nebeneinander her, manchmal auch gegeneinander. So hatte zum Beispiel das MGB Spitzel beim KI platziert, um den Konkurrenzdienst auszuspionieren.

Die Organisation Gehlen, die Vorläuferinstitution des BND, nahm in Berlin schon bald nach dem Krieg ihre Arbeit auf. Ihren Namen verdankte die Dienststelle ihrem Leiter Reinhard Gehlen. Gehlen, der während des Zweiten Weltkriegs als Generalmajor der Wehrmacht in der Abteilung Fremde Heere Ost (FHO) im Generalstab des Heeres eingesetzt war und dort gegen die Sowjetunion spionierte, bot sich nach Kriegsende mit seinem Wissen, seinen geheimen Unterlagen und mit einem Teil seines Personals den Amerikanern als Kooperationspartner an. Die ließen sich die Chance nicht nehmen, stellten politische Vorbehalte wegen Gehlens nationalsozialistischer Vergangenheit zurück und ließen ihn eine deutsche Geheimdienstorganisation aufbauen. Die Organisation Gehlen hatte zunächst noch keine festgefügten Strukturen, unterstand unmittelbar amerikanischen Geheimdienststellen und wurde von diesen finanziert.

Die meisten Abteilungen und Referate des Berliner Verfassungsschutzes befanden sich im Kathreiner-Haus in der Potsdamer Straße.

Neben der Zentrale in München-Pullach hatte die Organisation Gehlen mehrere Außenstellen in der Bundesrepublik und in West-Berlin. Der Dienst war in mehrere Ebenen gegliedert, auf der untersten tarnten sie sich als Versicherungsvertretungen, Steuerbüros oder Buchgemeinschaftsvertretungen. Von Berlin aus wurden vor allem Agenten in die sowjetische Besatzungszone und spätere DDR, aber auch in andere Ostblockstaaten entsandt. Wie viele es waren, ist nicht bekannt, man schätzt ihre Zahl auf etwa 4000.

Als West-Berliner Landesbehörde war das Landesamt für Verfassungsschutz, das am 5. März 1951 eingerichtet wurde, für die Spionageabwehr zuständig. Es hatte in zweifacher Hinsicht eine besondere Stellung: Zum einen unterstand es – wie auch die West-Berliner Polizei – der unmittelbaren Befehlsgewalt der Westalliierten. Zum anderen verfügte es über weitgehende Zuständigkeiten in der Spionageabwehr. Dies unterschied den Berliner Verfassungsschutz von anderen Landesämtern, die nicht eigenständig Spionageabwehr betrieben, sondern dies dem Bundesamt für Verfassungsschutz (BfV) überließen. Die besondere Zuständigkeit der Berliner Verfassungsschutzbehörde war zum einen darin begründet, dass man unmittelbar im Zentrum der Ost-/Westspionage Fachleute vor Ort benötigte, zum anderen verfolgten die Westalliierten auf diesem Feld starke eigene Interessen, für die sie Experten einsetzen wollten, die sich in der Stadt auskannten und mit der Mentalität der Berliner Bevölkerung vertraut waren.

Nachdem der Berliner Verfassungsschutz in seinen ersten Jahren am Fehrbelliner Platz untergebracht war, hatte er später seinen Sitz in der Clayallee. Die meisten Abteilungen und Referate befanden sich allerdings im denkmalgeschützten Kathreiner-Haus in der Potsdamer Straße. Sie waren hier einigermaßen gut getarnt, da in diesem Bürohochhaus auch noch andere Behörden residierten und die Dienststelle des Verfassungsschutzes zwischen ihnen nicht auffiel.

Der wichtigste Geheimdienst der DDR war das Ministerium für Staatssicherheit (MfS). Der Akt seiner Gründung vollzog sich in Minutenschnelle. Am Abend des 8. Februar 1950 verabschiedete die Provisorische Volkskammer ohne Aussprache einstimmig das Gesetz über die Bildung eines Ministeriums für Staatssicherheit, das nur aus einem Paragrafen bestand. Kurz und bündig wurde angeordnet: „Die bisher dem Ministerium des Innern unterstellte Hauptverwaltung zum Schutze der Volkswirtschaft wird zu einem selbstständigen Ministerium für Staatssicherheit umgebildet."

Die DDR-Regierung stand damals unter enormem Handlungszwang. Sie beklagte massive Betrügereien und Sabotage im Land, Bauern widersetzten sich der Enteignung, volkseigene Betriebe wurden aus Protest von den Arbeitern lahmgelegt. Verantwortlich gemacht wurden dafür „Nazi-Kader, Terror- und Spionageorganisationen im Auftrag amerikanischer und britischer Geheimdienste". Diesen Entwicklungen wollten die Regierenden mit dem neuen Ministerium entgegenwirken. Gleichzeitig entzog man damit Innenminister Karl Steinhoff, der bisher für die Sicherheit zuständig war und die Probleme nicht in den Griff bekam, einen Teil seiner Kompetenzen.

Das MfS war, wie das Gesetz von 1950 zum Ausdruck bringt, nicht der erste Geheimdienst der DDR. Schon kurz nach dem Zweiten Weltkrieg begannen in der Führungsriege der sowjetisch besetzten Zone Überlegungen, ein geheimdienstliches System aufzubauen. Im Dezember 1948 beantragte deshalb die SED-Führung um Wilhelm Pieck und Walter Ulbricht bei Josef Stalin die Errichtung einer staatlichen Organisation, deren Aufgabe es sein sollte, die Überführung der Produktionsmittel in das Staats- und Kollektiveigentum sicherzustellen. Nachdem Stalin im Mai 1949 seine Zustimmung erteilt hatte, wurde der Ausschuss zum Schutze des Volkseigentums gebildet, dessen Leiter Erich Mielke wurde. Im Oktober

1951 integrierte die DDR-Regierung den Ausschuss als Hauptverwaltung zum Schutz der Volkswirtschaft in das Ministerium des Innern.

Wilhelm Zaisser war der erste Leiter des 1950 gegründeten MfS.

Bereits ab 1947 existierten bei den Landespolizeien in der sowjetisch besetzten Zone Kommissariate zur Bearbeitung politischer Straftaten, die die Bezeichnung K 5 (Kriminalpolizei 5) trugen. Diese Kommissariate entwickelten bald ein Eigenleben und entzogen sich der Kontrolle vorgesetzter Polizeidienststellen. Sie wirkten eher als Hilfskräfte sowjetischer Dienststellen denn als Einheiten der deutschen Polizei. Deshalb wurden sie bald wieder aufgelöst und teilweise in die Hauptverwaltung zum Schutz der Volkswirtschaft integriert. Aus dieser Hauptverwaltung entstand dann das Ministerium für Staatssicherheit.

Dessen erster Leiter war Wilhelm Zaisser, sein Staatssekretär Erich Mielke. Die Sowjets lehnten es ab, Mielke zum Minister zu ernennen, da er ihnen wegen seiner früheren Tätigkeit für die NS-Organisation Todt nicht vertrauenswürdig genug schien.

Zaisser gehörte zur alten Garde kommunistischer Kämpfer. 1918 schloss er sich der USPD an und trat 1919 in die neu gegründete KPD ein. 1921 wurde er als Mitglied der Oberleitung der illegalen Kampforganisation der KPD verhaftet. Nach seiner Freilassung nahm er an einem Lehrgang an der Militärpolitischen Schule der Komintern in Moskau teil. Ab 1926 war er als Mitarbeiter des Zentralkomitees der KPD für die militärpolitische Schulung verantwortlich. Er beteiligte sich am Spanischen Bürgerkrieg und wurde danach Mitarbeiter des Exekutivkomitees der Kommunistischen Internationale (EKKI) in Moskau.

Im Februar 1947 kehrte Zaisser nach Deutschland zurück und bekleidete bis 1948 den Posten des Polizeipräsidenten der Landespolizei Sachsen-Anhalt in Halle an der Saale. In den Jahren 1948 und 1949 war er Innenminister des Landes Sachsen und leitete danach von 1949 bis 1950 die Verwaltung für Schulung der Deutschen Verwaltung des Innern und die Hauptverwaltung Ausbildung des Ministeriums des Innern.

Erich Mielke im Dezember 1958

MfS-Minister Zaisser fiel jedoch bald in Ungnade und wurde im Juli 1953 abgesetzt. Dafür gab es mehrere Gründe: Zum einen wurde ihm vorgeworfen, den Aufstand am 17. Juni nicht verhindert zu haben, zum anderen betrieb Zaisser seit Längerem den Sturz Ulbrichts, was dieser zu verhindern suchte. Der SED-Führung kam es deshalb sehr gelegen, dass sich Zaisser unberechtigte Zahlungen und Kredite in Höhe von 230 000 Mark erschlichen hatte.

Sein Nachfolger wurde aber noch nicht Erich Mielke, sondern zunächst Ernst Wollweber. Erstmalig trat Wollweber während der Novemberrevolution im Jahre 1918 in Erscheinung, als er am Kieler Matrosenaufstand teilnahm. 1919 wurde er Mitglied der KPD und nahm 1921 an den Märzkämpfen in Mitteldeutschland teil. 1934 übernahm er in Leningrad die Leitung des Internationalen Seemannsklubs, einer Spezialabteilung des sowjetischen Geheimdienstes NKWD. In dessen Auftrag beteiligte er sich am Aufbau einer Organisation, die weltweit Sabotageakte gegen Schiffe sogenannter faschistischer Staaten verübte. Im Mai 1940 wurde er in Schweden wegen Spionage und Sabotage verhaftet und zu drei Jahren Haft verurteilt. Nachdem er im November 1944 die sowjetische Staatsbürgerschaft erhalten hatte, beantragte er seine Ausreise in die Sowjetunion, die ihm gewährt wurde.

Im März 1946 kehrte Wollweber nach Deutschland in die Sowjetische Besatzungszone zurück und wurde im Mai desselben Jahres Mitglied der neu gegründeten SED. 1947 stieg er zum Leiter der Generaldirektion Schifffahrt auf und wurde schließlich im Juli 1953 Chef des MfS.

Wollweber zeichnete sich im Gegensatz zu seinem Nachfolger Mielke durch einen größeren intellektuellen Horizont, aber auch durch einen ausgeprägten politischen Instinkt und eine bemerkenswerte Rhetorik aus. Immer wieder präsentierte er wirkungsvoll die Arbeit seines Ministeriums nach außen. Seine Gegner konnten einen gewissen Respekt nicht verhehlen. So hatte Philipp Scheidemann, der ihn aus der Weimarer Zeit kannte, einmal gesagt, Wollweber rechne „nicht zu den ganz Verrückten seiner Partei, sondern zu den Halbvernünftigen". Wollweber schied am 31. Oktober 1957 krankheitsbedingt auf eigenen Wunsch aus dem Dienst des MfS aus.

Nun kam endlich Mielke als MfS-Minister zum Zuge und blieb bis 1989 an der Spitze des Ministeriums. Er war der Sohn eines Weddinger Stellmachers und trat im Alter von 14 Jahren dem Jugendverband der KPD bei. Nach eigenen Angaben wurde er 1925 Mitglied der KPD. Am 9. August 1931 erschossen er und Erich Ziemer die Polizeioffiziere Paul Anlauf und Franz Lenck während eines Streifengangs auf dem Bülowplatz in Berlin. Die Morde waren eine Reaktion auf harte Polizeieinsätze gegen Kommunisten, die die beiden Polizisten zu verantworten hatten. Die KPD schaffte die beiden Täter, um sie einer Verhaftung zu entziehen, einige Tage später in die Sowjetunion.

In Moskau erhielt er von 1932 bis 1936 eine politische und militärische Ausbildung an der Lenin-Schule und kämpfte von 1936 bis 1939 unter dem Decknamen Fritz Leissner im Spanischen Bürgerkrieg bei den Internationalen Brigaden. In der Endphase des Krieges ging er im Februar 1939 über die Pyrenäen nach Frankreich, wo er zusammen mit anderen Interbrigadisten interniert wurde. Nach seiner Freilassung führte ihn sein Weg zunächst nach Belgien, wo er Mitherausgeber der für Deutschland bestimmten, von der KPD im Grenzgebiet zu Belgien verbreiteten *Neuen Rheinischen Zeitung* war. Nach wechselnden Stationen wurde er gegen Ende des Zweiten Weltkriegs von der Organisation Todt zwangsverpflichtet und zum Bau von Bunkern eingesetzt.

Nach dem Krieg wurde Mielke Leiter der Polizeiinspektion Berlin-Lichtenberg im sowjetischen Sektor. Außerdem übertrug man ihm im Zentralkomitee der KPD die Funktion des Abteilungsleiters für Polizei und Justiz.

Eine Sonderrolle im MfS nahm die Hauptverwaltung Aufklärung (HV A) ein, die ein gewisses Eigenleben führte. Sie war Nachfolgeeinrichtung des 1951 geschaffenen Instituts für Wirtschaftswissenschaftliche Forschung (IWF), dessen Aufgabe die Spionage gegen die Bundesrepublik und die Überwachung der dort stationierten Besatzungstruppen der Westtalliierten war. Nach dem Übertritt des Abteilungsleiters Gotthold Krauss in die Bundesrepublik am 4. April 1953 wurde das Institut enttarnt und in der Folge als Hauptabteilung XV in das Sekretariat für Staatssicherheit (SfS), wie das MfS von Juni 1953 bis November 1955 hieß, eingegliedert. Daraus ging 1956 die HV A hervor. Leiter waren in den Jahren 1951/52 zunächst Anton Ackermann und Richard Stahlmann, danach bis 1986 Markus Wolf. Letzter Chef der HV A war schließlich Werner Großmann.

Wolf war die wohl schillerndste Figur im Berliner Spionagedickicht. Als Sohn des Schriftstellers Friedrich Wolf und Bruder des Filmregisseurs Konrad Wolf galt er als der Intellektuelle und Schöngeist unter den DDR-Geheimdienstlern. Die HV A,

die für die Auslandsspionage der DDR zuständig war, hatte sich unter seiner Leitung den Ruf einer Eliteeinheit des MfS erworben. Der frühere Präsident des BfV Heribert Hellenbroich rechnete sie zu den besten Geheimdiensten der Welt neben Mossad, CIA und KGB. Seine Mitarbeiter fühlten sich nur pro forma als Teil des MfS und sahen sich eigentlich als eigenständige Institution. Ganz so war es aber doch nicht, denn auch in der HV A hatte letztlich Mielke das Sagen. Gerne behaupteten HV-A-Angehörige im Nachhinein, nicht an der Unterdrückung und Verfolgung der DDR-Bevölkerung beteiligt gewesen zu sein. So meinte Mielkes Stellvertreter Werner Großmann nach der Wende, die HV A habe keine Aktivitäten entfaltet, „im Ausland mit Mord und Totschlag zu arbeiten und andere Kapitalverbrechen zu verüben. (...) Wir

Das Gebäude des MfS von der Frankfurter Allee aus gesehen, September 1985

haben in der HV A generell solche Verbrechen nicht geplant, wir haben niemanden damit beauftragt." Es habe „in unserer Tätigkeit" weder theoretisch noch praktisch Entführungen gegeben. Das stimmt so jedoch nicht, denn die HV A unterstützte die anderen Bereiche des MfS beim Auskundschaften von Westverbindungen Oppositioneller und war in den Anfangsjahren durchaus auch an Entführungen beteiligt.

1986 schied Wolf auf eigenen Wunsch aus seinem Amt aus. In der Endphase der DDR gerierte er sich als Reformer, trat am 4. November 1989 bei einer Großdemonstration auf dem Alexanderplatz als Redner auf, forderte grundlegende Reformen des Sozialismus, wurde aber ausgepfiffen. Die Bürgerrechtlerin Bärbel Bohley analysierte diesen Moment mit der Bemerkung: „Als ich sah, dass seine Hände zitterten, weil die Leute gepfiffen haben, da sagte ich zu Jens Reich: So, jetzt können wir gehen, jetzt ist alles gelaufen. Die Revolution ist unumkehrbar."

Die Zentrale des MfS befand sich in einem großen Gebäudekomplex an der Frankfurter Allee im Bezirk Lichtenberg. Um zu verhindern, dass die Anlage von den Nachbarhäusern ausspioniert werden konnte, waren deren Bewohner zum großen Teil MfS-Angehörige und andere regierungstreue Bürger. Trotzdem trauten die MfS-Geheimdienstler ihren Nachbarn nicht und befürchteten, westliche Spione könnten sich unter ihnen eingenistet haben. Deshalb warb man Inoffizielle Mitarbeiter in den Häusern, die ihre Nachbarn beobachteten. Sie registrierten, wer ein- und ausging und welche Kraftfahrzeuge dort parkten. Die Post der Bewohner der umliegenden Häuser wurde kontrolliert, um festzustellen, ob sie geheime Botschaften westlicher Geheimdienste enthielten.

Neben der Zentrale existierten noch weitere Standorte, wie zum Beispiel das Gefängnis in Hohenschönhausen. In der Nähe der Haftanstalt befand sich auch ein Sonderarchiv des MfS mit Unterlagen aus der NS-Zeit. Mit den dort gesammelten Daten sollten Politiker in der Bundesrepublik erpresst werden. Auch der Operativ-Technische Sektor des MfS (OTS), in dem Spionagetechnik aufbewahrt wurde, lag in Hohenschönhausen. Die Berliner Bezirksverwaltung war seit 1985 in Friedrichsfelde in Gebäuden untergebracht, in denen sich heute Teile der Hochschule für Wirtschaft und Recht sowie anderer Behörden befinden.

ERSTE SCHRITTE DER SPIONE

Die Anfangsjahre der Geheimdienste in Berlin nach dem Zweiten Weltkrieg bis zum Mauerbau

Mit dem Ende des Zweiten Weltkriegs war nicht mehr Deutschland der gemeinsame Feind aller vier Alliierten, sondern für die westlichen Staaten war es zunächst die Sowjetunion, später auch die DDR, umgekehrt sah sich Moskau vom Westen bedroht. Beide Sichtweisen hatten ihre Berechtigung. Jede Seite war voller Argwohn, ob nicht der Gegner einen militärischen Überfall plante. Das Problem war, dass man nicht wusste, ob die feindlichen Armeen schon für einen neuen Krieg bereitstanden. Die Nervosität in den politischen Führungsspitzen war beträchtlich, als man merkte, wie wenig man wusste und wie groß der Informationsbedarf war. Deshalb setzten alle vier Besatzungsmächte viel Energie ein, um sich ein Bild vom Stand der Rüstung und von den politischen Überlegungen der anderen Seite zu machen.

Die Arbeit der Geheimdienste in Berlin ließ in den ersten Nachkriegsjahren zu wünschen übrig. Zum einen befanden sich die Strukturen organisatorisch noch im Aufbau und funktionierten nicht richtig, zum anderen fehlte es an qualifiziertem Personal, das in der Lage war, Informationen unauffällig zu beschaffen und auszuwerten. Weil westliche Geheimdienste nicht in ausreichender Zahl über eigene Agenten verfügten, kauften sie mitunter Informationen bei Nachrichtenhändlern. Dieser Spezies von Geheimagenten kam es aber weniger auf die Seriosität ihrer Informationen als vielmehr auf den finanziellen Profit an, sodass die gekauften Informationen vielfach unbrauchbar waren.

Die ersten Jahre der CIA in Berlin verliefen ziemlich holprig. Der Dienst litt unter Personalmangel, fehlenden Geldmitteln und hatte wenig Kenntnis von der deutschen und sowjetischen Mentalität. Agenten waren nicht ausreichend getarnt und konnten teilweise schnell identifiziert werden. Sie übernachteten mitunter in größerer Zahl in sicheren Häusern, die eigentlich geheimen Treffen zwischen Spionen und ihren V-Mannführern vorbehalten waren, und lernten so andere CIA-Angehörige kennen, was aus Gründen der Konspiration nicht erwünscht war. Auf Weihnachtsfeiern kam ein größerer Kreis von CIA-Mitarbeitern zusammen, die sich eigentlich nicht kennen durften. Konspirative Treffen waren oft nicht ausreichend vorbereitet und abgesichert. so hatte beispielsweise der Nachrichtenhändler Igor Orlow, der für einen amerikanischen Geheimdienst arbeitete und als Alkoholiker und Schürzenjäger galt, keine Hemmungen, einen sowjetischen Offizier, den er werben sollte, in dessen Wohnung in Karlshorst aufzusuchen, ein grober Verstoß gegen die Regeln der Konspiration. Zu allem Überfluss misslang die Werbung auch noch. In anderen Werbungsfällen hatten die Amerikaner den Eindruck, dass Orlows Spitzel Köder der Sowjets waren. Schließlich geriet Orlow selbst in den Verdacht, für den KGB zu arbeiten. Er wurde mehreren Sicherheitsüberprüfungen unterzogen, die allerdings nicht zu eindeutigen Ergebnissen führten.

Trotz der Anfangsschwierigkeiten waren die amerikanischen Geheimdienste zunehmend erfolgreich. Die CIA konnte einige deutsche Zivilangehörige werben, die versteckte Kameras und Mikrofone in den Karlshorster Unterkünften der sowjetischen Geheimdienste anbrachten. Zum Beispiel stellte ein deutscher Arbeiter einen Lkw in eine Einfahrt zur Garnison und legte eine Brotbüchse auf das Armaturenbrett, in die eine Kamera installiert war, mit der er fotografierte, wer ein- und ausging.

Den anderen westalliierten Geheimdiensten ging es nicht besser als den Amerikanern. Der französische Geheimdienst SDECE galt nach dem Krieg als unseriös, da er in großem Umfang Informationen von Nachrichtenhändlern erwarb, die Informationen aus der DDR erfanden oder frisierten.

Die Briten hätten, so behauptete der Journalist Heinz Höhne einmal, anfangs derart wenig Informationen über die Strukturen sowjetischer Dienste in Berlin gehabt, dass alles auf einer halben Seite niedergeschrieben werden konnte.

In einer besonderen Situation befand sich der KGB bzw. seine Vorläuferorganisation MGB. Um bei Stalin nicht in Ungnade zu fallen, beschrieben die Berliner Geheimdienstler in ihren Berichten nach Moskau nicht unbedingt die tatsächliche Situation, sondern meldeten das, von dem sie annahmen, dass Stalin es lesen wollte. So berichtete ein Berliner MGB-Mitarbeiter am 3. Juli 1948

Iwan A. Serow war nach dem Krieg Leiter der gesamten Zivilverwaltung der SMAD und damit auch für Sicherheitsfragen zuständig.

nach Moskau, die Amerikaner wären von der Blockade „niedergeschlagen" und würden bereits wichtige Dokumente mit Flugzeugen aus der Stadt schaffen. Mit dieser und anderen Meldungen wollten die Berliner MGB-Mitarbeiter signalisieren, wie wirkungsvoll die Blockade angeblich war. Intern sah man die Sache allerdings ganz anders. Der MGB-Offizier Gregori Korotja hielt die Abriegelung West-Berlins für schlecht konzipiert und ausgeführt. Er beschwerte sich, dass sein Dienst in die Vorüberlegungen nicht einbezogen worden war, sodass man völlig überrascht von der Luftbrücke war.

Nachdem das MGB in den KGB umorganisiert worden war, wuchs die Berliner Residentur permanent. 1960 war sie mit ungefähr 1000 Mitarbeitern die größte Dienststelle des KGB außerhalb der Sowjetunion und wurde deshalb „Berliner Kreml" genannt. Das Agentennetz der sowjetischen Dienste bestand bereits 1946 aus rund 2300 deutschen Spitzeln, 1949 waren es ungefähr 3000. Welche Bedeutung die Berliner Residentur schon frühzeitig hatte, zeigt sich daran, dass 1947 ihre ranghöchsten Offiziere, die Generalobersten Iwan A. Serow und Nikolai K. Kowaltschuk, stellvertretende Minister der Sowjetunion waren.

Auch die Organisation Gehlen hatte mit massiven Anfangsproblemen zu kämpfen. Gehlen und seine Leute wussten mitunter gar nicht, woher die Informationen kamen, die in Pullach anlangten, auch die Quellen kannten die Pullacher Nachrichtendienstler häufig nicht. Oft wurde die Konspiration bei der Informationsbeschaffung und -weiterleitung nicht gewahrt. Wie leichtfertig Spione teilweise handelten, zeigt das Beispiel, als ein Gehlen-Agent eine Maschinenpistole in einem Geigenkasten über die Grenze von Ost nach West geschafft hatte.

Der stellvertretende Leiter der Berliner Spionageabwehr, Wolfgang Höher, entpuppte sich als DDR-Spion, der seine eigenen Agenten verriet. Der Mann verschwand am 13. Februar 1953 spurlos aus der westlichen Stadthälfte. Es hieß, er habe sich in einem Lokal am Wittenbergplatz mit einem Kontaktmann getroffen, der als Agent für den sowjetischen Geheimdienst arbeitete. Dieser habe ihm unbemerkt ein Betäubungsmittel in das Weinglas geschüttet und ihn, als er nicht mehr klar denken konnte, überredet, für die Heimfahrt gemeinsam mit ihm die Untergrundbahn zu benutzen. Die Fahrt soll jedoch nicht bei der Wohnung Höhers, sondern in Ost-Berlin geendet haben. Diese Version entspricht aber wohl nicht den Tatsachen. Vielmehr war Höher in West-Berlin der Boden unter den Füßen zu heiß geworden, weshalb er seine Führungsstelle überredete, ihn abzuziehen.

Der Doppelagent Hans-Joachim Geyer sagt im Prozess gegen angebliche Spione der Organisation Gehlen vor dem Obersten Gericht der DDR aus. Dezember 1953

Nicht nur Höher schadete der Organisation Gehlen beträchtlich, sondern auch der Berliner Mitarbeiter Hans-Joachim Geyer, der ebenfalls als Doppelagent unterwegs war. 1952 nahm er Verbindung zur Organisation Gehlen auf und spionierte für den Dienst in der DDR, wurde jedoch schon Ende des Jahres dort verhaftet. Während der Verhöre verpflichtete er sich, bei der Organisation Gehlen unter dem Decknamen „Joe Ball“ als Inoffizieller Mitarbeiter für das MfS zu arbeiten. Daraufhin kehrte er nach West-Berlin zurück und spionierte ungefähr ein Jahr lang, bis er Ende Oktober 1953 von Berlin-Schöneberg nach Ost-Berlin zog. Dort kam ihm eine wichtige Rolle in den sogenannten Gehlen-Prozessen zu. Unter dieses Stichwort fiel eine Reihe von Gerichtsverfahren in der DDR gegen tatsächliche oder angebliche Westagenten. Den Prozessen vorausgegangen waren einige operative Großaktionen des MfS. Zunächst fand im Oktober 1953 die Aktion „Feuerwerk“ statt, in deren Folge 109 mutmaßliche Informanten westlicher Geheimdienste in der DDR festgenommen wurden. Die Verhaftungen erfolgten Schlag auf Schlag innerhalb von 48 Stunden. Geyer hatte die entsprechenden Hinweise gegeben. Wie wichtig dem MfS seine Informationen waren, zeigt die Tatsache, dass der Verräter 10 000 DM, damals eine astronomisch hohe Summe, als „Anerkennung“ erhalten hatte. Die Verhaftungswelle wurde vom MfS und von der Staatsführung in großem Umfang propagandistisch ausgeschlachtet. Die DDR-Presse berichtete über Geheimcodes der Amerikaner und über vertrauliche

Dienstanweisungen der Organisation Gehlen, Mielke und Wollweber sprachen auf großen Betriebsversammlungen über die Aktion „Feuerwerk“. Diese Art der Öffentlichkeitsarbeit hatte eine doppelte Zielrichtung: Zum einen sollte die effektive Arbeit des MfS hervorgehoben werden, zum anderen wollte man dadurch noch nicht enttarnte westliche Agenten abschrecken. Tatsächlich war die Aktion „Feuerwerk“ ein empfindlicher Schlag gegen die Organisation Gehlen.

Aber es ging noch weiter mit der Verhaftungswelle: Im August 1954 folgte die Aktion „Pfeil“, die sich wieder gegen die Organisation Gehlen, aber auch gegen andere Geheimdienste richtete. In kürzester Zeit verhafteten die Sicherheitsorgane der DDR viele der Spionage Verdächtige. Nach Angaben Mielkes wurden 277 der Festgenommenen der Organisation Gehlen zugerechnet, 176 den amerikanischen Geheimdiensten und 94 den französischen. Wieder folgte eine öffentliche Kampagne, die dieses Mal eine ganz besondere Richtung nahm, denn man beschuldigte die Organisation Gehlen bei dieser Gelegenheit, gegen Frankreich zu spionieren. Am 6. August 1954 titelte das *Neue Deutschland*: „Westdeutsche ‚Fünfte Kolonne‘ wühlt gegen Frankreich – Gehlen-Spione arbeiten an der Vorbereitung eines neuen ‚Marsches auf Paris‘“. Mit dieser Behauptung sollten in Frankreich antideutsche Vorbehalte geschürt werden.

Eine weitere Verhaftungswelle folgte Ende 1954. Sie richtete sich in erster Linie gegen innere „Feinde“ des Systems, aber auch sie führte zu zahlreichen Verhaftungen von Personen, die tatsächlich oder vermeintlich mit westlichen Geheimdiensten in Kontakt standen. So wurden 100 Personen festgenommen, denen eine Verbindung zu westdeutschen Spionagediensten zugerechnet wurde, 188 sollen für amerikanische Dienste gearbeitet haben und 105 für britische.

Im Mai 1956 gelang es dem Inoffiziellen Mitarbeiter des MfS Horst Hesse alias „Jürgen“, der in der Zentrale des amerikanischen Militärgeheimdienstes Military Intelligence Division arbeitete, dort zwei Panzerschränke auszuräumen und die komplette Agentenkartei des amerikanischen Militärspionagedienstes in Deutschland an seine Auftraggeber in Ost-Berlin zu liefern. Als Konsequenz dieser Aktion wurden in der DDR 140 Personen verhaftet.

Aber das MfS hatte auch Rückschläge hinzunehmen. So mussten etliche Mitarbeiter wegen Unfähigkeit bald wieder entlassen werden. Zudem liefen zwischen 1950 und 1953 44 aktive und 38 ausgeschiedene Mitarbeiter in den Westen über, bis 1960 waren es etwa 400. Um den dramatischen Verlust einzudämmen und ein Zeichen zu setzen, dass man das Überlaufen nicht duldete, holte das MfS 108 von ihnen, teilweise unter Zwang, teilweise durch Überredung, in die DDR zurück und verurteilte sie zu harten Strafen, sieben wurden hingerichtet. Schmerzlich getroffen von den Übertritten war die HV A. Zunächst lief im Mai 1959 der Leiter des CDU-Referats in die Bundesrepublik über, kurz darauf dessen Stellvertreter. Es dauerte fast zehn Jahre, bis die operative Arbeit gegen die CDU wieder den Stand der Vormauerzeit erreichte, von dem Einblick, den westliche Dienste in die Arbeit der HV A gewinnen konnten, einmal ganz abgesehen. Markus Wolfs angebliche Elitetruppe geriet nach diesen Ereignissen innerhalb des MfS stark in die Kritik.

Trotz vieler Verhaftungen gelang es der Organisation Gehlen, nach und nach ein Agentennetz in der DDR aufzubauen. In großer Zahl sprachen die Werber des Dienstes, als die Grenze noch offen war, DDR-Bürger an. Das geschah oft in sogenannten Grenzkinos, die unmittelbar an der Sektorengrenze im westlichen Teil Berlins lagen und für geringes Eintrittsgeld Westfilme für Ostbesucher zeigten. Nach dem Volksaufstand am 17. Juni 1953 wurde auch die Verteilung von Care-Paketen an DDR-Bürger genutzt, um diese zur Spionage anzuwerben.

Bei der Werbung von Agenten ging die Organisation Gehlen nicht immer zimperlich vor. Mitunter wurden potenzielle Spione unter Druck gesetzt, damit sie für den Dienst arbeiteten. Als der Leipziger Kurt Heinz Wallesch sich weigerte, für die Organisation zu spionieren, drohte ihm sein V-Mannführer, er werde notfalls die DDR-Organe darüber aufklären, dass Wallesch im Zweiten Weltkrieg an Massenerschießungen teilgenommen habe.

Welche Rolle spielte nun die Berliner Bevölkerung auf beiden Seiten der Grenze im Kampf der Geheimdienste? Man spannte sie – mit oder ohne ihr Wissen – im Einsatz gegen die andere Seite ein. Dies geschah nicht nur im Rahmen geheimer Operationen, sondern auch bei der Propaganda, die im Westen darauf abzielte, Wut gegen das DDR-System zu schüren, im Osten sollte Hass gegen das kapitalistische System in der Bundesrepublik geschürt werden.

Die Westalliierten, insbesondere die Amerikaner, gingen bei ihrer Agitation recht subtil vor. Sie nutzten einerseits die Medien, zum Beispiel den RIAS, um durch ausführliche Berichte über das Unrecht in der DDR Antipathie bei Menschen auf beiden Seiten der Grenze zu wecken. Andererseits waren sie mit Organisationen in West-Berlin verbunden, die sich den Kampf gegen das DDR-Regime auf die Fahnen geschrieben haben. Hier spielten insbesondere der Untersuchungsausschuss Freiheitlicher Juristen (UFJ) und die Kampfgruppe gegen die Unmenschlichkeit (KgU), über die noch zu berichten sein wird, eine nicht zu unterschätzende Rolle. Auf diese Weise spannten die westalliierten Dienste eine größere Zahl politisch engagierter Menschen für ihre Interessen ein, die nicht in die klassische Kategorie der Spione fielen.

Die Wirkung der geheimdienstlichen Arbeit war auf beiden Seiten der Grenze unterschiedlich. Das Regime im östlichen Teil Deutschlands, das gerade in den ersten Jahren seiner Existenz äußerst brutal gegen Andersdenkende vorging, erzeugte mit seiner Propaganda in großen Teilen der Bevölkerung Angst. Es förderte mit seiner Agitation aber auch die Bereitschaft, sich in den Dienst

westlicher Geheimdienste zu stellen. So erklärte ein Bauarbeiter, der für die Organisation Gehlen arbeitete, 1947: „Ich fühlte mich moralisch zum Kampf gegen den kommunistischen Feind im Land berechtigt und verpflichtet.“ Dabei darf aber nicht vergessen werden, dass für die meisten Spione in Ost wie West der finanzielle Anreiz im Vordergrund stand.

Wegen der Versorgung aus der Luft während der Blockade 1948/49 bezeichneten die West-Berliner die Alliierten als „Schutzmächte“.

In West-Berlin nannte man die Alliierten nicht ohne Grund „Schutzmächte". Während und nach der Luftbrücke wurde ihnen seitens der West-Berliner Bevölkerung große Sympathie entgegengebracht. Weil den Amerikanern zu Recht der größte Verdienst bei der Versorgung während der Blockade zugeschrieben wurde, entstand gerade gegenüber den USA Dankbarkeit und Solidarität, die bis zum Vietnamkrieg, der dann zunehmend kritische Stimmen laut werden ließ, anhielten. Da die geheimdienstlichen Aktivitäten der Westalliierten aus Sicht der West-Berliner Bevölkerung ihrem Schutz dienten, war man sogar ein bisschen stolz darauf, dass die Schutzmächte ihre Rolle als Garanten der Freiheit ernst nahmen und so ein Symbol der Freiheit setzten. Die Berliner fühlten sich als Speerspitze im Kampf gegen den Kommunismus.

Was die West-Berliner Bevölkerung nicht wahrnahm oder vielleicht auch nicht wahrnehmen wollte, war ihre eigene Überwachung durch die Alliierten. Dies ist bis heute ein weitgehend unbekanntes Kapitel in der Berliner Spionagegeschichte. Was sich hinter den Kulissen abspielte, bekamen am ehesten noch die Berliner Polizei und der Verfassungsschutz mit, wenn sie hin und wieder von den alliierten Sicherheitsbehörden geheime Informationen zur Weiterverfolgung von Straftaten oder Beobachtung extremistischer Bestrebungen erhielten. Dies waren sozusagen die Brosamen der Arbeit alliierter Dienste. Aber auch die Berliner Sicherheitsbehörden hatten keine genauen Kenntnisse darüber, was die Alliierten in der Teilstadt trieben. Der bundesdeutsche Geheimdienstexperte und Autor Erich Schmidt-Eenboom meint zum Beispiel, dass in der Abhörstation auf dem Teufelsberg nicht nur der Funkverkehr der Streitkräfte des Warschauer Paktes abgehört, sondern auch die West-Berliner Bevölkerung überwacht wurde. Wie sehr die Berliner im Westteil der Stadt im Visier auch der Westalliierten standen, zeigt ein Beispiel aus der Zeit nach der deutschen Einheit: Als die Briten aus Berlin abzogen, übergaben sie ihre Telefonüberwachungstechnik, mit der sie Telefongespräche in West-Berlin abgehört hatten, dem BfV – und dort war man perplex angesichts der Größe der Anlage, die der des Bundesamtes in Köln entsprach, von wo aus man die gesamte Bundesrepublik überwachte.

DIE GROSSEN OHREN DER GEHEIMDIENSTE

Funkaufklärung in West und Ost

Welcher Berliner kennt nicht die futuristischen Kuppeln des merkwürdigen Gebäudes auf dem Teufelsberg im Grunewald? Sie sind Relikte aus der Zeit des Kalten Krieges, über die wir uns heute kaum noch Gedanken machen, aber auch ein Symbol dafür, welche Bedeutung Berlin bis zur deutschen Einheit für die Ost-/Westspionage hatte.

Der Teufelsberg hat zwei Gipfel, einen hohen und einen etwas kleineren. Auf dem hohen lag die Abhörstation der Amerikaner und Briten, von wo aus der Funkverkehr jenseits der Grenze abgehört wurde. Auf dem kleineren Gipfel gingen und gehen noch heute die Berliner ihren Freizeitvergnügungen nach: Im Sommer lässt es sich auf dem Plateau gut in der Sonne liegen, im Herbst kann man die Drachen steigen lassen, im Winter die Rodelbahn hinunterfahren – früher gab es dort sogar Skiwettbewerbe. Freizeitvergnügen und Spionage lagen zur Zeit des Kalten Krieges in Sichtweite beieinander. Die Berliner störte es nicht, dass ein paar Hundert Meter entfernt mit Hochtechnologie der Feind belauscht wurde, und die Geheimdienstler hatten nichts dagegen, dass die Berliner neben der Abhörstation ihrem Vergnügen nachgingen.

Die Anlage auf dem Teufelsberg war nicht die erste und nicht die einzige ihrer Art. Erste Schritte der Funkaufklärung unternahmen die Amerikaner unmittelbar nach Kriegsende, als sie mit Kastenwagen durch die Stadt fuhren, um zu ermitteln, wo die Funksignale sowjetischer Dienststellen am besten aufgefangen werden konnten. 1951 wurde dann eine erste amerikanische Funkeinheit nach Berlin verlegt und eine Radarstation in Rudow errichtet, die die Bezeichnung Site 1 erhielt. Eine weitere Station mit der Bezeichnung Site 2 entstand auf dem damals militärisch genutzten Flughafen Tempelhof.

Bei den Fahrten mit den Kastenwagen stellten die Abhörspezialisten fest, dass sich ein kleiner Hügel in Marienfelde besonders gut für die Funkaufklärung eignete. Deshalb errichteten die Amerikaner hier eine weitere Station, die zunächst nur aus einigen

Lkw-Anhängern bestand, in denen die Technik untergebracht war. Ab 1965 entstanden sukzessive mehrere Gebäude, bis die Anlage Ende der 1960er-Jahre ihren endgültigen Ausbauzustand erhielt. Die Abhörstation wurde vom United States Air Force Security Service (USAFSS), später von seiner Nachfolgeorganisation Electronic Security Command (ESC), einem militärischen Geheimdienst, betrieben.

Die bekannteste Abhörstation war Site 3 auf dem Teufelsberg, die auch Field Station genannt wurde. Ihre Geschichte begann eigentlich schon in den 1930er-Jahren, als Hitlers Stararchitekt Albert Speer den Auftrag erhielt, dort, wo sich heute der Teufelsberg erhebt, eine Hochschulstadt zu bauen. Die Arbeiten begannen 1937 mit der Errichtung des Gebäudes einer Wehrtechnischen Fakultät der Technischen Hochschule Berlin. Doch der Bau geriet mit dem Kriegsausbruch ins Stocken. Nach dem Krieg ragte die Bauruine ungenutzt in die Höhe. Weil man mit ihr nichts anzufangen wusste, schütteten Arbeiter Abraum der zerstörten Berliner Häuser auf die Ruine, bis sie völlig unter dem Schutt begraben war. Nichts erinnert heute mehr an sie. Allerdings kann es sein, dass bei einer der regelmäßig stattfindenden Führungen durch die Abhörstation von geheimnisvollen Dingen unter dem Berg erzählt wird. So sollen Personen, die keiner der Mitarbeiter der Field Station kannte, in einem Fahrstuhl, den das Personal der Abhörstation nicht betreten durfte, nach unten in geheimnisvolle Räume gefahren sein. Was dort geschah, wusste man oben nicht. Eine andere Geschichte handelt davon, dass dort unten geheime Waffen, ja sogar Atombomben gelagert worden sein sollten. Aber diese Geschichten dienen wohl nur dazu, bei den Zuhörern einen gruseligen Schauer zu erzeugen, denn Untersuchungen der Gebäude haben keine Anhaltspunkte dafür ergeben, dass es dort unterirdische Verliese gab.

Die ehemalige Abhöreinrichtung auf dem Teufelsberg 1992

Obwohl der Teufelsberg im britischen Sektor lag, wurde die Anlage von den Amerikanern errichtet. Auch hier wurde – wie schon in Marienfelde – zunächst mobile Technik aufgestellt. Sukzessive entstand dann ein festes Gebäude nach dem anderen. Ihren Endausbauzustand erhielt die Anlage erst in den 1980er-Jahren.

Eine weitere, sehr geheimnisvolle Anlage der Amerikaner war Site 4 im Jagen 87. Mitten im Grunewald standen ein Blockhaus und ein Antennenfeld, umgeben von einem Maschendrahtzaun. Später kamen weitere kleinere Gebäude hinzu. Was dort geschah, ist unbekannt. Vermutet wird, dass die Station von der United States Army Security Agency (ASA) betrieben wurde. Getarnt war sie als Schweinemästerei, obwohl deutlich erkennbar war, dass hier ganz andere Dinge vor sich gingen als die Schweinemast. Ein Veteran erinnert sich, dass in der Anlage permanent laute Musik abgespielt wurde, um zu verhindern, dass mitgehört werden konnte, was dort geschah.

Die Briten lauschten zunächst vom Flugplatz Gatow aus in Richtung Osten. Jedoch breitete sich die Royal Air Force dort bald immer weiter aus, sodass die Geheimdienstler 1967 auf den Teufelsberg umzogen. Dort arbeiteten sie fortan gemeinsam mit den Amerikanern, hatten aber ihre eigenen Räume. Ungefähr 1951 wurde eine Gruppe britischer Abhörspezialisten im Lancaster House am Fehrbelliner Platz stationiert, das später vom Bezirksamt Wilmersdorf genutzt wurde.

Was die Franzosen funktechnisch trieben, wussten nicht einmal ihre Verbündeten. Es ist nicht bekannt, wo sich überall ihre Abhöreinrichtungen befanden. Man weiß lediglich, dass eine Station an der Rue Montesquieu in Waidmannslust gelegen war. Dass sie hier gemeinsam mit dem BND horchten, hielten sie vor allen anderen geheim. Vermutet werden weitere Standorte in der Cité Foch und auf dem Flughafen Tegel.

Wie viele Abhörstationen die Westalliierten nun wirklich in West-Berlin betrieben haben, wissen wir bis heute nicht; das MfS will 14 solcher Einrichtungen gezählt haben.

In der Anlage auf dem Teufelsberg haben bis zu 1500 Geheimdienstler im Drei-Schicht-Betrieb gearbeitet. Ihre Aufklärungserfolge waren so gut, dass sie viermal die Travis Trophy, eine von der NSA gestiftete Auszeichnung für besondere Leistungen in der Funkaufklärung, erhielten.

Das Riesenrad des Deutsch-Amerikanischen Volksfestes in Zehlendorf wirkte als Verstärker für die auf dem Teufelsberg aufgefangenen Signale.

Welche Kuriositäten die Funkaufklärung mit sich bringen konnte, zeigt folgende Begebenheit: Techniker auf dem Teufelsberg stellten fest, dass immer zu einer bestimmten Zeit im Sommer die Qualität der aufgefangenen Signale besser war als während des restlichen Jahres. Die Funkexperten forschten nach dem Grund hierfür und stellten fest, dass das Riesenrad auf dem Deutsch-Amerikanischen Volksfest als Verstärker wirkte. Kurzerhand ließ man es nach Ende des Rummels noch eine Weile stehen, um optimal den Funkverkehr belauschen zu können.

Was die alliierten Geheimdienste in ihren Abhörstationen trieben, ist auch heute noch weitgehend geheim. Die Anfrage eines Journalisten bei der NSA nach den damaligen Aktivitäten wurde kurz und bündig beantwortet: „Angesichts konkurrierender Fragen und angesichts des Umfangs der Medienabfragen können wir Sie nicht unterstützen." Man vermutet den Grund für die Zurückhaltung darin, dass sich aus der damaligen Arbeit Rückschlüsse auf heutige Aufklärungsmöglichkeiten und -interessen ziehen lassen. Die Betreiber der Anlagen geben lediglich an, den Funkverkehr jenseits der deutsch-deutschen Grenze abgehört zu haben. Etwas mehr erfährt man aufgrund der Recherchen von Journalisten. Danach sollen der Flugverkehr der Warschauer Paktstaaten überwacht, Funkmessanlagen der Nationalen Volksarmee (NVA) ermittelt, Flugzeuge erfasst und Waffenleitsysteme ausgekundschaftet worden sein. Zum Beispiel wurde der Funkverkehr bei Manövern daraufhin analysiert, welche Leistungsfähigkeit sowjetische Kampfjets hatten. Aber nicht nur der militärische Funkverkehr wurde abgehört, die Geheimdienstler belauschten auch die Telefonate hochgestellter DDR-Funktionäre. So benutzte zum Leidwesen des MfS das Politbüromitglied Günter Mittag ein veraltetes Richtfunksystem zur Kommunikation mit den SED-Bezirks- und Kreisleitungen. Mit Interesse hörte die westliche Seite seinen Telefonaten zu.

Der Field Station auf dem Teufelsberg kam eine besondere Bedeutung im Rahmen des Canopy-Wing-Projekts zu. Was es damit auf sich hatte, beschrieb später der ehemalige Auswertungsleiter der HV A des MfS, Klaus Eichner, so: Zweck des Canopy-Wing-Projekts, das US-Präsident Ronald Reagan Anfang 1986 in Auftrag gegeben hatte, war es, alle Möglichkeiten der modernen elektronischen Kampfführung zu prüfen, um einen

20 Jahre
Knusper-haus
Mandeln
warm sind se' noch
WOLLENSCHLÄGERS

erfolgreichen atomaren Erstschlag gegen den Warschauer Pakt ausführen zu können. So sollten östliche Führungsstellen und deren Ausweichstellen identifiziert sowie Standorte, Strukturen, Personal und technische Ausrüstungen von Armeeeinheiten ermittelt werden. Aber auch die Möglichkeiten der Störung des Betriebes, das Erzeugen von Kurzschlüssen mithilfe mikroskopischer Kohlenstofffasern oder der Einsatz von chemischen Kampfstoffen sollten geprüft werden. Darüber hinaus gab es Vorschläge, die Arbeit der Stäbe des Warschauer Paktes unmittelbar vor dem Schlag zu blockieren, um so Gegenreaktionen zu verhindern. Durch die Fähigkeit der NSA, sich mithilfe der Computersimulation beispielsweise in den Funkverkehr von Flugzeugen mit den Bodenstationen einzuschalten, sollte die Befehlsübermittlung gestört werden.

Das MfS verfügte über eine Kopie des hochgeheimen Papiers, und im Ministerium schrillten die Alarmglocken, als man es las, denn niemand dort hatte geglaubt, dass die USA derart aggressiv gegen den Warschauer Pakt vorgehen wollten und sogar einen atomaren Erstschlag ins Auge fassten.

Dieses Papier war offensichtlich so brisant, dass das Bundesinnenministerium nach der Wende von der Stasi-Unterlagenbehörde dessen Herausgabe forderte und es an die Amerikaner weiterleitete. Ob es zuvor von den Ministerialbeamten gelesen wurde, weiß man nicht. Deshalb ist heute nur wenig über den Inhalt bekannt.

Die Abhöreinrichtung in Marienfelde 1970

Natürlich mussten im Falle eines Angriffs auf West-Berlin das technische Equipment und die Unterlagen vor dem Zugriff des Feindes geschützt werden. Mehrmals im Jahr fanden deshalb Übungen statt, in denen simuliert wurde, wie auf einen militärischen Angriff zu reagieren war. In den Abhöranlagen waren große Mengen an Sprengstoff gelagert, der im Ernstfall gezündet werden sollte. Die Sprengladungen waren so stark, dass die Anlagen zu Staub zerfallen wären, damit der Gegner keinerlei Anhaltspunkt darüber hätte erhalten können, was dort geschah. Im Jahre 1986 explodierte bei einer solchen Übung in der Marienfelder Station ein Aktenvernichter. Dabei wurden 34 Mitarbeiter der Station verletzt. Bei dem anschließenden Brand bestand die Gefahr, dass die gesamte Anlage in die Luft flog. Das hätte nicht nur zu vielen Toten in der Abhörstation selbst geführt, wegen der enormen Sprengkraft wären zudem größere Bereiche von Marienfelde zerstört worden, und es hätte viele Opfer unter der Zivilbevölkerung gegeben. Bei der Berliner Feuerwehr und Polizei wurde hektisch überlegt, die Bevölkerung zu evakuieren, was aber in der Kürze der Zeit gar nicht durchführbar gewesen wäre. Zum Glück konnte der Brand gelöscht werden, ohne dass es zu größeren Schäden kam.

Natürlich lauschte nicht nur der Westen in Richtung Osten, sondern auch umgekehrt der Osten nach Westen. Dank der Auswertung der Unterlagen des MfS durch die Stasi-Unterlagenbehörde wissen wir heute einiges darüber, was dort im Kalten Krieg

Auch im Haus der Ministerien gab es eine Abhörstation, von der aus in Richtung Westen gelauscht wurde. März 1968

vor sich ging. Es begann 1951, als Major Georg Zimmermann den Auftrag erhielt, eine Hauptabteilung Operative Technik mit der Bezeichnung HA S aufzubauen, die für die Funkaufklärung zuständig sein sollte. Die HA S hatte die Aufgabe, alle Arten technischer Nachrichtenübermittlung zu nutzen, um Informationen zu gewinnen. Dazu gehörte die Telefonüberwachung genauso wie der Einsatz von Observationstechnik. 1955 wurde aus einem Teil der HA S die neue Abteilung F gebildet, die sich mit Funkspionage befasste. Es ging dabei um „die Fahndung entdeckter Funkspione und illegal arbeitender Funkstationen in der DDR, Kontrolle überworbener Funkspione, Analyse des per Funk gesteuerten Verbindungssystems westlicher Geheimdienste, Verbindung illegitimer Nachrichtenübermittlung in den offiziellen und geheimen inneren und äußeren Funknetzen". Die Abteilung F begann mit einem Mitarbeiterbestand von 177 Personen und hatte im Jahre 1970 die Zahl von 681 erreicht.

Ab Mitte der 1960er-Jahre begann das MfS, die technischen Rahmenbedingungen für die Funkaufklärung deutlich auszubauen. In der DDR wurden 28 Abhörstationen errichtet, eine davon im Haus der Ministerien in Ost-Berlin. Darüber hinaus gab es mobile Stationen, die in Pkw oder Lkw installiert waren.

Mit der Arbeit der Abteilung F war man jedoch im MfS nicht zufrieden. Bruno Beater, der Stellvertreter Mielkes, kritisierte, dass sich die Funkaufklärung auf bestimmte Funkkanäle spezialisiert habe und dem MfS alles, was außerhalb dieser Funkbereiche ablaufe, entginge. Kritisiert wurde unter anderem auch, dass Bundeswehr und BND 38 Abhörstationen entlang der innerdeutschen Grenze hatten, die amerikanischen Dienste sogar 61, von denen aus der gesamte Funkverkehr in der DDR abgehört werden konnte, das MfS dem aber keine adäquaten Leistungen entgegensetzen könne. Beater beauftragte deshalb 1966 Horst Männchen mit dem Aufbau einer Arbeitsgruppe unter dem Namen Koordinierungsgruppe Funk und technisch-physikalische Mittel, deren Aufgabe die „Gewährleistung einer wirkungsvollen und optimalen Aufklärung, Abwehr und offensiven Bekämpfung der gegnerischen Elektronischen Kampfführung mit operativ technisch-physikalischen Mitteln und Methoden“ sein sollte. Aus ihr entstand dann 1983 die legendäre Hauptabteilung III (HA III) unter der Leitung von Horst Männchen. Der Personalbestand wuchs schnell, 1986 waren 3425 Dienstkräfte in der Funkaufklärung beschäftigt.

Die Abhörtechnik beschaffte sich das MfS zum Teil aus der Bundesrepublik. Dabei war ein Spion mit dem Decknamen „Rubin“ äußerst hilfreich, der westliche Kommunikationstechnik in großem Umfang in die DDR brachte. Zum Beispiel besorgte er zwei Handfunkterminals der Firma Motorola, die es ermöglichten, in das bundesdeutsche Polizeinetz einzudringen, über das Daten des Informationssystems INPOL übermittelt wurden. Beim Einsatz der Terminals gab es allerdings zunächst ein Problem, das überwunden werden musste: Ein Sendeterminal des INPOL-Systems übermittelte vor Beginn einer Datenübertragung eine Kennung an das Empfangsterminal, die dort verifiziert wurde. Außerdem musste der Absender zuvor ein Zeitfenster angeben, in dem er senden wollte. Nur wenn die Kennung und das angemeldete Zeitfenster übereinstimmten, wurde das Sendeterminal vom Empfänger akzeptiert. Die HA III konnte dieses Problem überwinden, indem sie sich Originalkennungen beschaffte und diese für ihre Funkterminals verwendete. Die Datenquelle INPOL war zur großen Freude Männchens sehr ergiebig. Allein in der Zeit zwischen Oktober 1988 und September 1989 konnte die HA III nach Angaben der Stasi-Unterlagenbehörde sage und schreibe 2 556 601 Einzelinformationen aus dem polizeilichen Datensystem der BRD gewinnen.

Der Inoffizielle Mitarbeiter „Rubin" erwies sich auch in anderer Hinsicht als äußerst hilfreich. So besorgte er eine komplette Satellitenabhöranlage und mehrere Kataloge mit Artikeln bundesdeutscher Abhörtechnik. Auch einen Empfänger der Firma Rhode und Schwarz, die international führend in der Herstellung von Abhörtechnik war und noch heute ist, konnte die HA III für 150 000 DM erwerben.

Das MfS setzte insgesamt sieben Inoffizielle Mitarbeiter ein, die funkelektronische Basen in der Bundesrepublik und West-Berlin ausspionieren sollten. Ihre Aufgabe war es, die Einrichtungen zu observieren, Antennen zu beschreiben und Lageskizzen anzufertigen.

1989 war das Überwachungssystem so weit ausgebaut, dass 187 funktechnische Stützpunkte existierten. Zusätzlich verfügte die HA III über Aufklärungsflugzeuge und Hubschrauber, die die Grenze abflogen, um dort schwache Signale aufzufangen, die den Bodenstationen entgingen. Es wird behauptet, dass Hubschrauber auch die Abhörstation auf dem Teufelsberg überflogen und fotografiert haben.

Die Funkaufklärung des MfS richtete sich zum einen ins eigene Land. Dort wurden Telefongespräche abgehört und der Funkverkehr aller möglicher Dienststellen überwacht. Und dann wurde natürlich in Richtung Bundesrepublik und West-Berlin gelauscht. Ab 1970 entstanden mehrere Richtfunkstrecken von West-Berlin ins Bundesgebiet, und zwar vom Schäferberg nach Gartow, von Frohnau nach Gartow, von Frohnau nach Clenze und vom Schäferberg nach Torfhaus im Harz. Über diese Strecken lief der größte Teil der Telefongespräche zwischen West-Berlin und dem Bundesgebiet. Diese Richtfunkstrecken wurden vom MfS angezapft. Allerdings funktionierte die Technik zunächst nicht richtig. Es gab Unterbrechungen, Störgeräusche und Überlagerungen durch andere Gespräche. Ein Problem war auch, dass ein Telefonat von der Deutschen Bundespost nicht über eine einzige Leitung geführt wurde, sondern permanent die Leitungen gewechselt wurden, je nachdem, wo gerade Kapazitäten frei waren. Das MfS beauftragte deshalb das Institut für Technische Untersuchungen des MfS mit der Optimierung der Abhörtechnik, und dieses Institut schaffte es, die Abhörtechnik zu verbessern.

Zum Leidwesen der Führungskräfte im MfS konnte anfangs nicht die gesamte Bundesrepublik vom Gebiet der DDR aus überwacht werden, denn der südliche und westliche Teil waren zu weit von der installierten Abhörtechnik entfernt. Das Problem löste man, indem in Kooperation mit den Partnerdiensten der Tschechoslowakei von dort aus in Richtung Westen gelauscht wurde.

Auch in der Ständigen Vertretung der DDR in Bonn – hier bei der Hissung der Flagge im Mai 1974 – gab es MfS-Stützpunkte.

Deutlich verbessert werden konnte die Funküberwachung nach der völkerrechtlichen Anerkennung der DDR. Mit ihr nahmen diplomatische Vertretungen der DDR in der Bundesrepublik ihren Betrieb auf, aus denen heraus Funkaufklärung betrieben wurde. Es gab MfS-Stützpunkte in der Ständigen Vertretung der DDR in Bonn und in der Handelsvertretung in Düsseldorf. Mit der Verbesserung der Technik gelang es 1988 sogar, Richtfunkstrecken innerhalb der Bundesrepublik abzuhören, und zwar die von München nach Hamburg und von München nach Hannover.

Für die HA III bedeutete es einen herben Rückschlag, als die Deutsche Bundespost in den 1980er-Jahren das analoge Telefonnetz in ein digitales umwandelte. Damit gingen dem MfS zunächst wichtige Informationsquellen verloren. Fieberhaft arbeitete man an Möglichkeiten, auch die digital übertragenen Telefonate abzuhören, was schließlich auch gelang.

Ab 1978 gingen die bundesdeutschen Sicherheitsbehörden dazu über, ihre Funkverkehre zu verschlüsseln. Das nutzte aber wenig, denn schon 1982 beschaffte „Rubin" zwei Exemplare des Kryptiergeräts VERI-CRYPT 1100, das die bundesdeutschen Sicherheitsbehörden benutzten. Das MfS zerlegte die Geräte und untersuchte ihre Funktionsweise. Danach war es ein Leichtes, diese Art von Verschlüsselungsgeräten nachzubauen. 1983 verfügte die HA III über 50 dieser Geräte, mit deren Hilfe sie interessiert mithörte, wie die bundesdeutschen Sicherheitsbehörden miteinander kommunizierten. Übrigens wurde dem Geheimschutzbeauftragten der West-Berliner Polizei, der in der zweiten Hälfte der 1980er-Jahre besorgt beim Landesamt für Verfassungsschutz anfragte, ob die INPOL-Leitung zum BKA abhörsicher sei, geantwortet, das MfS sei technisch nicht in der Lage, die Datenübertragung aufzufangen.

Am 15. März 1985 schlossen das Ministerium für Post- und Fernmeldewesen der DDR und das Bundespostministerium eine Vereinbarung über die Verlegung eines Lichtwellenkabels von West-Berlin durch das Gebiet der DDR nach Westdeutschland, über das Telefongespräche übermittelt werden sollten. Ob das Bundesministerium nun so naiv war zu glauben, dass die Kabelleitung abhörsicher war, oder ob die Bonner Beamten das Risiko des Mithörens durch das MfS in Kauf nahmen, ist heute nicht mehr nachzuvollziehen. Jedenfalls war das MfS ab 1988 in der Lage, die Leitung zu überwachen.

Bis zu einer gewissen Entfernung konnte man feststellen, was auf elektrischen Schreibmaschinen getippt wurde.

Als in der Bundesrepublik die ersten Autotelefone aufkamen, stand natürlich auch das MfS auf dem Plan. 1979 beschafften sich die Geheimdienstler einen Mercedes-Benz 350 mit West-Berliner Kennzeichen und einem zugelassenen Autotelefon. Man programmierte das Gerät so, dass der Code es als berechtigten Teilnehmer am Autotelefondienst auswies. Von hier aus stellten die DDR-Geheimdienstler Anfragen an bundesdeutsche Dienststellen, wie zum Beispiel die Polizeien, das Kraftfahrtbundesamt, die Schufa oder Meldebehörden, und prompt erhielten sie die entsprechenden personenbezogenen Daten.

Kaum bekannt ist, dass bis zu einer gewissen Entfernung festgestellt werden konnte, was auf elektrischen Schreibmaschinen getippt wurde. Diese Geräte verursachten nämlich eine sogenannte parasitäre Strahlung, die erkennen ließ, welche Tasten bedient wurden. Auch dies war ein Bereich, den das MfS interessierte.

In den 1980er-Jahren residierte der Staatsschutz der West-Berliner Polizei, der unter anderem Spionagestraftaten bearbeitete, in dem zum Tempelhofer Damm gelegenen Teil des Polizeipräsidiums. Um zu verhindern, dass von getarnten Kraftfahrzeugen, die vor dem Präsidium auf dem Tempelhofer Damm parkten, in die Räume des Staatsschutzes hinein gelauscht wurde, bestand dort ein absolutes Halteverbot. Sollte trotzdem ein Auto auf dem Tempelhofer Damm parken, wurde es unverzüglich abgeschleppt. Das Büro des Geheimschutzbeauftragten war damals so gelegen, dass er vom Fenster aus den gesperrten Bereich überblicken konnte. Erkannte er ein verbotswidrig abgestelltes Fahrzeug, informierte er sofort seine Kollegen, die den Abschleppdienst herbeiriefen. Solche Halteverbotszonen gab es übrigens auch vor dem Dienstgebäude des Verfassungsschutzes in der Clayallee.

1985 entstand das Projekt „Phonothek“ der HA III. Stimmen von Mitarbeitern westlicher Sicherheitsbehörden, von bundesdeutschen Politikern und Führungskräften in der Wirtschaft, aber auch von Terroristen und Fluchthelfern sollten computergestützt nach bestimmten Merkmalen erfasst werden. Geplant war, Tonlage, Ausdrucksweise, Dialekt und messtechnische Daten der Stimmanalyse zu speichern, um auf diese Weise Stimmen bestimmten Personen zuordnen zu können. Dieses Projekt war dann aber wohl doch zu anspruchsvoll, denn es funktionierte bis zum Ende der DDR nicht richtig.

Eine besondere Herausforderung für die HA III war die Aktion „Hamster". Mitte der 1980er-Jahre war die westliche Funkelektronik so weit entwickelt, dass längere Texte so komprimiert werden konnten, dass sie innerhalb weniger Sekunden übertragen werden konnten und so eine Ortung des Senders fast unmöglich war. Diese Technik nutzten die Amerikaner und stellten 1985 ein solches Gerät gut getarnt in einem Waldgebiet in der Nähe von Finow bei Eberswalde auf. Die HA III erkannte den Sender, wusste aber nicht seinen genauen Standort. Im Rahmen der Aktion „Hamster" wurde einiger Aufwand betrieben, um das Gerät zu lokalisieren. Aus einem Bauzug der Deutschen Reichsbahn heraus peilten MfS-Mitarbeiter ihn an. Um die Aktion als Bauarbeiten glaubwürdig erscheinen zu lassen, wurden von dem Bauzug aus tatsächlich Gleise verlegt mit der Begründung, der nahe gelegene Flughafen solle besser an das Bahnnetz angeschlossen werden. Es gelang tatsächlich, den Sender zu orten. Die MfS-Geheimdienstler beseitigten ihn allerdings nicht, sondern ließen ihn weiterfunken, bis die Batterien erschöpft waren. Dann erst zerlegten sie das Gerät und untersuchten seine Funktionsweise.

Das MfS hörte jedoch nicht nur mit, sondern störte auch den Funkverkehr. Bereits in den frühen Jahren nach dem Zweiten Weltkrieg wurden die Sendungen des RIAS mit einem penetranten Pfeifton überlagert. Im Laufe der Jahre wurden die Störmaßnahmen verfeinert. Telefongespräche zwischen West und Ost wurden unterbrochen, telefonischer Psychoterror betrieben, indem in Gespräche hineingerufen wurde, Teilnehmer wurden beschimpft oder bedroht. Nachts wurden wiederholt Teilnehmer angerufen, ohne dass sich jemand meldete. Anschlüsse leitete die HA III so um, dass andere als der gewünschte Teilnehmer am anderen Ende der Leitung waren.

Aber nicht nur das MfS betrieb Funkaufklärung, auch das Ministerium für Nationale Verteidigung (MfNV) hatte seine Aufklärungseinheit. Ab 1974 war dies die Abteilung Funkelektronischer Kampf (FEK). 1976 grenzte man in einer Vereinbarung die Zuständigkeitsbereiche von MfS und MfNV ab. Die militärische Einheit konzentrierte sich auf den Funkverkehr innerhalb der NATO, aber auch auf den Bundesgrenzschutz und den an der innerdeutschen Grenze eingesetzten westdeutschen Polizeieinheiten, das MfS war für die übrige Funkaufklärung zuständig.

GEHEIME UNTERGRUND-KÄMPFER IN BERLIN

Stay-behind-Organisationen in West und Ost

Bis heute geheimnisumwittert sind die Berliner Stay-behind-Organisationen. Hinter diesem Begriff, der im Fachjargon der Geheimdienstler SBO abgekürzt wird, verbergen sich Personengruppen, die dazu ausgebildet sind, im Kriegsfall hinter den feindlichen Linien Informationen zu sammeln und Sabotageakte auszuführen. Bis es so weit kommt, verhalten sich die Kämpfer als sogenannte „Schläfer" völlig unauffällig.

Dass solche Gruppen in vielen europäischen Ländern existieren, wurde der Öffentlichkeit erstmals 1990 bekannt. Damals ermittelte der italienische Untersuchungsrichter Felice Casson in einem Mordfall und stieß dabei auf Hinweise der Existenz einer geheimen Untergrundorganisation mit dem Namen Gladio. Seine Ermittlungen führten zu einem handfesten politischen Skandal, denn der Richter fand Beweise, dass sich die Untergrundorganisation nicht nur auf den Kriegsfall vorbereitete, sondern mit Attentaten in das politische Geschehen Italiens eingriff, um den Staat zu härteren Maßnahmen gegen kommunistische Organisationen zu bewegen. Gladio wurde und wird mit mehreren Bombenanschlägen in Italien in Verbindung gebracht, so auf den Bahnhof von Bologna am 2. August 1980, der 85 Todesopfer forderte. Dieses und andere Attentate sollen im Auftrag hoher politischer Persönlichkeiten Italiens begangen worden sein. Nachdem diese Einzelheiten bekannt geworden waren, gestand der italienische Ministerpräsident Giulio Andreotti die Existenz von Gladio ein, bestand aber darauf, dass die Organisation ausschließlich im Kriegsfall aktiv werden sollte. Die damaligen Ereignisse bleiben bis heute mysteriös, denn die Zusammenhänge und Hintergründe konnten nie richtig geklärt werden. Andreotti legte aber nicht nur die Existenz der italienischen Gladio-Organisation offen, sondern behauptete zudem, dass es auch in anderen europäischen Ländern solche Gruppen gebe. Daraufhin setzten auch in Deutschland Spekulationen über Stay-behind-Organisationen in der Bundesrepublik ein.

HEISSE
WÜRSTE
afri
afri
Bluna

Steckte hinter dem Bombenattentat auf das Münchener Oktoberfest, das 13 Personen das Leben kostete, eine Stay-behind-Organisation?

Unter anderem wurde behauptet, eine deutsche Stay-behind-Organisation sei am Bombenattentat auf das Münchener Oktoberfest am 26. September 1980 beteiligt gewesen. Der Attentäter Gundolf Köhler habe Kontakt zu dem Rechtsextremisten Heinz Lembke gehabt, der Mitglied einer deutschen Stay-behind-Organisation gewesen sein soll. Eindeutige Belege dafür finden sich allerdings nicht.

Neuere Forschungen auf der Grundlage vom BND freigegebener Akten haben gezeigt, dass es tatsächlich Stay-behind-Organisationen in der Bundesrepublik gegeben hat, die allerdings ein eher kümmerliches Dasein gefristet haben.

Was sich aus den freigegebenen Akten allerdings nicht erschließt, ist die Situation in Berlin, wo nicht der BND, sondern die Alliierten das Sagen hatten. Gab es auch hier Stay-behind-Organisationen? Wenn ja, wie waren sie organisiert? Wie groß waren diese Gruppen? Unter wessen Kommando standen sie?

Erste Hinweise auf solche Gruppen in Berlin gab die Bundesregierung in den Jahren zwischen 1991 und 2014. Damals starteten Bundestagsabgeordnete der PDS/Linke Liste bzw. der Fraktion Die Linke eine ganze Serie Kleiner Anfragen unter der Überschrift Gladio. Dabei griffen sie die in der Öffentlichkeit kursierenden Spekulationen über die Beteiligung deutscher Gladio-Einheiten an Bombenanschlägen auf. Nachdem sich die Bundesregierung zunächst bei ihren Auskünften ausgesprochen zugeknöpft zeigte, sich immer wieder auf Geheimhaltungspflichten berief und behauptete, es sei nicht ihre Aufgabe, historische Sachverhalte aufzuklären, kamen schließlich doch einige Detailinformationen zutage. 2013 erklärte die Bundesregierung in der Bundestagsdrucksache 17/14815, dass das Landeskriminalamt im ehemaligen britischen Sektor Berlins zwei Waffendepots einer Stay-behind-Organisation gefunden habe. Die Abgeordneten ließen nicht locker und fragten nach, was es mit diesen Depots auf sich habe. Daraufhin gab die Bundesregierung 2014 in der Drucksache 18/701 nähere Einzelheiten bekannt: „Aus den hier vorliegenden Unterlagen geht hervor, dass das Bundeskanzleramt im Frühjahr 1996 englischsprachige, als ‚secret' klassifizierte Unterlagen eines Partners erhalten hatte. Denen ist zu entnehmen, dass in den 1950er-Jahren von einer der in Berlin stationierten alliierten Schutzmächte mehrere Depots angelegt wurden. Dem zuständigen Landeskriminalamt (LKA) Berlin wurden diese Unterlagen im April 1996 über die Senatsverwaltung für Inneres in Berlin vom Bundesministerium des Innern (BMI) übermittelt. Im Ergebnis wurden bei der daraufhin initiierten Suche die beiden in der Frage genannten Depots gefunden. Die übrigen in den Unterlagen bezeichneten Depots wurden trotz mehrfacher und intensiver Absuche nicht gefunden, sodass bereits damals davon ausgegangen wurde, dass sie nicht mehr existierten." Sicherheitsexperten vermuten, dass die beiden aufgefundenen Depots, die sich im Jagen 133 im Grunewald befanden, einer britischen Stay-behind-Organisation zuzuordnen waren. In der Stellungnahme der Bundesregierung folgt dann eine detaillierte Aufstellung der in den Depots gefundenen Gegenstände. Die Liste beginnt mit Kugelschreibern und Bleistiften, geht über eine Taschenflasche Weinbrand und zwei Tafeln Vollmilchschokolade bis hin zu Pistolen, Patronen und Handgranaten. Auch eine Funkanlage RS-6, eine Handmorsetaste und eine Bedienungsanleitung für die Funkanlage wurden gefunden. Außerdem entdeckte man Anweisungen für ein Geheimschriftsystem mit fünf Zifferngruppen sowie Blöcke mit Verschlüsselungsdaten.

Viel war damit immer noch nicht über Stay-behind-Organisationen in Berlin bekannt. Dann jedoch erschien 2018 ein Buch von James Stejskal mit dem Titel *US-Spezialkräfte in Berlin*. Stejskal war Mitglied einer amerikanischen Stay-behind-Organisation in Berlin und beschreibt in seinem Buch Strukturen, personelle Zusammensetzung, Aufgabenstellung und Einsätze seiner Gruppe recht detailliert, wobei seine Darstellung zum Teil auf eigenen Erinnerungen beruht.

Danach ergibt sich folgendes Bild: Nach dem Zweiten Weltkrieg setzten in den USA Überlegungen ein, wie der zunehmenden Aggression der Sowjetunion begegnet werden konnte. Ein Aspekt war dabei die „unkonventionelle Kriegsführung" durch geheime Untergrundgruppen. Sie sollten im Kriegsfall als Guerillaeinheiten im feindlichen Gebiet das dortige militärische und politische System ausspionieren und zersetzen. Stand die amerikanische Armeeführung dieser Idee zunächst skeptisch gegenüber, weil eine Guerillaarmee nicht dem klassischen Bild der Kriegsführung entsprach, war schließlich der Koreakrieg, der eine Art Partisanenkrieg war, ausschlaggebend dafür, dass sich auch die Militärs für den Aufbau von Stay-behind-Organisationen in Europa und Deutschland aussprachen. Der Planung zufolge sollten die Gruppen, die Special Forces genannt wurden, insgesamt 2500 Soldaten umfassen, die in Teams von zwölf bis 15 Mann gegliedert waren. Die Soldaten sollten nicht nur in klassischer Kriegsführung ausgebildet werden, sondern auch im Nachrichtenwesen, in konspirativem Verhalten, in psychologischer Beeinflussung, in der Anleitung von Zuträgern und Zuarbeitern und nicht zuletzt in interkultureller Kompetenz. Deshalb legte die US-Armeeführung bei den in Deutschland stationierten Einheiten großen Wert auf deutsche Sprachkenntnisse, die meisten Angehörigen der Special Forces hatten einen deutschen oder zumindest europäischen familiären Hintergrund.

Die Personalauswahl unterlag strengen Kriterien. Bei der Einstellung wurden psychologische Tests vorgenommen, die Anwärter mussten ihre Sprachfähigkeiten unter Beweis stellen, und auch technische Kenntnisse waren Voraussetzung für eine Einstellung. Zur Ausbildung der Angehörigen der Special Forces gehörten das heimliche Auskundschaften der Zielobjekte, der Umgang mit fremden Waffen, konspirative Einschleusungsverfahren, das Öffnen von Schlössern, die Einrichtung von Abwurfplätzen für Waffen und Material, aber auch die Behandlung medizinischer Notfälle.

Die Ereignisse um den 17. Juni 1953 beschleunigten den Aufbau einer amerikanischen Stay-behind-Organisation in der Bundesrepublik, denn die Amerikaner wollten künftig durch geheime Aktionen Aufstände wie den vom 17. Juni organisieren und forcieren. In Berlin begann der konkrete Aufbau einer Stay-behind-Einheit im Jahre 1956. Die geheime Gruppe, die ab 1958 Detachment A hieß, bestand aus sechs Teams, die sich jeweils aus sechs Soldaten zusammensetzten. Nicht alle Mitglieder der Teams sollten in Kasernen leben, sondern unauffällig unter der Berliner Zivilbevölkerung, was eine plausible Legendierung voraussetzte. Hier haperte es allerdings zunächst, weil jeder Gruppenangehörige seine eigene Lebensgeschichte entwarf, die nicht immer stimmig war. Die Mitglieder des Detachment A mussten sich unauffällig in der Stadt bewegen können und sich mit der Mentalität der West-Berliner Bevölkerung vertraut machen. Ihr Erscheinungsbild sollte den deutschen Gepflogenheiten entsprechen, also kein militärischer Kurzhaarschnitt. Der in den

Das Special Forces Detachment A war in den Andrews Barracks in Lichterfelde untergebracht.

USA beliebte Kautabak war verboten, da er in Deutschland unüblich war. Um glaubwürdig als „normale" Einwohner Berlins erscheinen zu können, mussten die Soldaten Kontakte zu den Menschen in der Stadt knüpfen. Stejskal erinnert sich, dass man hin und wieder in einer Kneipe ein Bier mit Berlinern trank oder im Sommer am Ufer des Wannsees Kontakt zu den Einheimischen suchte. Einige Soldaten heirateten sogar deutsche Frauen.

Der Stab der Gruppe war in den Andrew Barracks in Lichterfelde untergebracht, von wo aus der Einsatz der Teams koordiniert wurde. Arbeiteten die sechs Teams zunächst völlig unabhängig voneinander, wurden sie 1959 in drei Gruppen, nämlich Nord, Mitte und Süd, gegliedert, die für das Berliner Stadtgebiet zuständig waren.

Ein Problem, das die Berliner Stay-behind-Organisation während ihrer gesamten Existenz begleitete, war ihr gespanntes Verhältnis zu den militärischen Führungsstäben und zur Stadtkommandantur. Wie es bei Eliteeinheiten öfters der Fall ist, führte das Detachment A ein Eigenleben und entzog sich der Kontrolle der militärischen Führungskräfte. Stejskal meint, die Hauptsorge des Stabes der US-Army Berlin-Brigade im Umgang mit seiner Stay-behind-Organisation sei es gewesen, die Einheit könnte „einseitig einen Krieg beginnen".

Der Auftrag des Detachment A bestand darin, Eisenbahnanlagen, Brücken, Kommunikationseinrichtungen, Kraftwerke und Wasserstraßen in beiden Berliner Stadthälften und in der DDR auszukundschaften, um sie im Kriegsfall durch Sprengungen unbrauchbar zu machen. Interessante Objekte in West-Berlin wurden gezielt und heimlich beobachtet, man fertigte Luftaufnahmen an und baute Modelle der Anlagen. Detachment-A-Angehörige unternahmen Spaziergänge durch die Stadt, um Örtlichkeiten auszukundschaften, wobei darauf geachtet werden musste, dass man nicht zu häufig an einem Ort auftauchte und dadurch auffiel. Es wurden tote Briefkästen angelegt, zum Üben von Observationen verfolgten die Angehörigen des Detachment A willkürlich Menschen aus der Berliner Bevölkerung. Nicht immer glückten diese Observationen. Stejskal berichtet, dass ein Observant sich eines Tages mehreren „messerschwingenden Türken" gegenübersah, die wohl meinten, der Observant hätte es auf ihre Barschaft abgesehen. Sie wollten ihn niederschlagen, aber der im Nahkampf ausgebildete Mann streckte vier der Angreifer zu Boden.

Ein Angehöriger des Detachment A musste tatenlos zusehen, wie der Flüchtling Peter Fechter im August 1962 an der Mauer angeschossen wurde und verblutete.

Eine der Aufgaben des Detachment A war es, die Grenzanlagen auszuspionieren, um geeignete Punkte zu deren Überwindung von West nach Ost zu finden. Besonderes Interesse fanden die gut getarnten Schleusen an der Grenze, durch die MfS-Mitarbeiter heimlich nach West-Berlin wechselten. Diese Stellen wurden eingehend observiert, mitunter wurde vorsätzlich Alarm ausgelöst, um die Reaktionsfähigkeit der Grenztruppen zu testen. Nicht immer wahrten die Detachment-A-Männer bei ihren Erkundungen die notwendige Konspiration. So wurde einmal ein Trupp, der sich an der Grenze auffällig verhielt, von der britischen Militärpolizei festgenommen.

Bei einer Erkundung der Grenzanlagen beobachtete ein Soldat des Detachment A den Tod des Flüchtlings Peter Fechter. Fechter wurde am 17. August 1962 beim Versuch, die Mauer zu überwinden, von DDR-Grenzposten niedergeschossen und verblutete langsam im Grenzgebiet. Erst nach Stunden wurde er von den Grenztruppen geborgen. Auf West-Berliner Seite beobachteten viele Menschen wütend die Tat. Die US-Militärpolizei hatte die strikte Weisung ausgegeben, von westlicher Seite nicht einzugreifen, sodass der Detachment-A-Soldat dem Geschehen nur tatenlos zusehen konnte.

Auch die Kanalisation und die U-Bahn-Tunnel erkundeten die geheimen Kämpfer in Hinblick auf geeignete Übergangspunkte Richtung Osten. Bei einer solchen Operation kam ein Trupp des Detachment A eines Tages der Aktion eines anderen amerikanischen Nachrichtendienstes in die Quere, die dasselbe Ziel verfolgte. Die nicht abgestimmten Einsätze sorgten für einigen Ärger.

Weil die amerikanischen Sicherheitsfachleute in Berlin befürchteten, dass der Rundfunksender RIAS im Kriegsfall ein bevorzugtes Angriffsziel der Armeen des Warschauer Paktes sein würde, schleuste das Detachment A einen seiner Angehörigen dort als Praktikant ein, der sich mit den Örtlichkeiten im Funkhaus und den Sendeanlagen vertraut machte. Diese Informationen dienten dazu, Konzepte für Schutzmaßnahmen zu entwickeln.

Die Teams des Detachment A legten mehrere Depots an, in denen Waffen, Funkgeräte und andere Ausrüstungsgegenstände, aber auch Lebensmittel versteckt wurden. Diese geheimen Lager sollten die Teams autark machen für den Fall, dass sie von ihrem Einsatzstab getrennt wurden. Die Depots befanden sich im Grunewald, im Spandauer Forst, aber auch in bewohnten Stadtgebieten. Wie viele es waren, schreibt Stajskal nicht, nach einem Geheimpapier der CIA aus dem Jahre 1951 sollen es damals sechs gewesen sein. Die Bestückung der Lager im Wald erfolgte, um nicht aufzufallen, über mehrere Monate hinweg in kleinen Tranchen, die Grabungsorte wurden durch Tarnzelte abgeschirmt, und Soldaten des Detachment A beobachteten heimlich, ob ein Passant Verdacht schöpfte. In der Stadt tarnten sich die Detachment-A-Soldaten als deutsche Bauarbeiter und befüllten unter dieser Legende die Depots.

Um zu üben, wie man auf sich allein gestellt in feindlichem Gebiet durchschlagen konnte, wurden Angehörige des Detachment A ohne Ausrüstung und Geld irgendwo im Bundesgebiet ausgesetzt und mussten sich zu ihrer Heimatdienststelle durchschlagen. Damit die Sache nicht zu einfach wurde, erhielten deutsche Polizeidienststellen Kenntnis von der Übung, und den Polizisten wurde eine „Fangprämie" für die Ergreifung eines der Untergrundkämpfer ausgesetzt. Ob einer erwischt worden ist, schreibt Stejskal in seinem Buch nicht.

Ein anderes Mal hatte eine Gruppe des Detachment A den Auftrag, bei einer Übung britischer Armeeeinheiten im Bundesgebiet deren Gefechtsstand zu erobern. Die Amerikaner sprangen nachts in der Nähe des britischen Feldlagers mit Fallschirmen ab, schlichen sich in das Zelt des schlafenden Kommandeurs und legten eine Visitenkarte mit dem Vermerk „Sie sind tot" neben sein Bett.

In den 1970er-Jahren änderte sich die Situation in West-Berlin. Standen die Einwohner bis dahin fest an der Seite ihrer „Schutzmacht" USA, sorgte der Vietnamkrieg zunehmend für Kritik. Es gab nicht nur Streiks und Vorlesungsboykotte an den Hochschulen, sondern auch immer wieder gewalttätige Demonstrationen und Brandstiftungen. Besonders verhasstes Ziel war das Verlagshaus des Springerkonzerns, denn die Springerpresse stand mit ihrer pointiert gegen die linke Szene gerichteten Berichterstattung im Fokus studentischer Agitation. Die Protestszene radikalisierte sich immer stärker, die Baader-Meinhof-Gruppe verbreitete durch Anschläge, Morde und Entführungen Angst in der Bevölkerung und Unsicherheiten bei Politikern und Sicherheitsbehörden, die auf derartige Aktionen nicht vorbereitet waren. Nach der Geiselnahme israelischer Athleten durch palästinensische Terroristen während der Olympischen Spiele 1972 in München und nach den Flugzeugentführungen in Entebbe und Mogadischu waren die Sicherheitsbehörden alarmiert. Politiker und Sicherheitsfachleute suchten nach Konzepten für eine wirksame Bekämpfung des Terrorismus. In diese Überlegungen wurde auch das Detachment A einbezogen und erhielt so eine zusätzliche Aufgabe. Scharfschützen wurden ausgebildet, die bei Flugzeugentführungen auf den Berliner Flughäfen eingesetzt werden sollten. Die Vorbereitung auf solche Einsätze geschah in Abstimmung mit anderen Militäreinheiten und der Berliner Polizei, wobei konkrete Einsatzlagen konzipiert wurden. Auf dem Flughafen Tegel wurde nachts in einem Hangar in einer Maschine der Pan Am die Befreiung von Geiseln geübt, auf einem abgelegenen Teil des Flugfelds folgte der vollständige Ablauf einer Befreiungsaktion vom Heranschleichen an die Maschine über das Eindringen bis hin zum Hinausführen der Geiseln.

Weil die Antiterroreinheit des Bundesgrenzschutzes GSG 9 eine ähnliche Aufgabenstellung wie das Detachment A hatte, kam es zu einer Zusammenarbeit zwischen beiden Einheiten. Man veranstaltete gemeinsame Übungen, Detachment A nutzte Schießstände und Fahrzeuge der GSG 9, auch über Einsatzkonzepte tauschte man sich aus. Gemeinsam mit der Berliner Polizei wurden Hochgeschwindigkeitsfahrten mit schrottreifen Zivilfahrzeugen der Polizei geübt. Eine enge Zusammenarbeit entwickelte sich mit dem Sondereinsatzkommando (SEK) der Polizei, die auch zu privaten freundschaftlichen Kontakten führte. Dies ging so weit, dass Ermittler der Berliner Polizei bei Observationen im Bereich der organisierten Kriminalität die konspirativen Fähigkeiten der amerikanischen Soldaten nutzten.

Aber es blieb nicht bei Übungen oder partieller Unterstützung der Berliner Polizei, ein paarmal wurde es auch ernst. 1957 glaubten amerikanische Nachrichtendienste, dass der Regierende Bürgermeister Willy Brandt von Geheimdiensten des Ostblocks getötet oder entführt werden sollte. Detachment A erhielt den Auftrag, die Sicherheitsvorkehrungen für Brandt zu überprüfen. Zu diesem Zweck wurde er heimlich observiert. Zu ihrem Erschrecken stellten die Soldaten fest, dass sein Tagesablauf derart gleichförmig war, dass es ein Leichtes wäre, ihm aufzulauern. Er benutzte stets dieselben Fahrtrouten, und auch sonst hatte sein Tagesablauf immer gleiche Routinen. Die Mahlzeiten nahm Brandt in seinem Esszimmer mit einem großen Fenster ein, durch das ein halbwegs geübter Schütze mit einem Zielfernrohr hätte hindurchschießen können. Aber schlimmer noch: Einem Angehörigen des Detachment A gelang es ohne Weiteres, sich an ein Hausmädchen Brandts heranzumachen, und schon bald ging der Soldat ungehindert im Haus des Regierenden Bürgermeisters ein und aus. Das Detachment A analysierte die möglichen Angriffspunkte und verfasste einen Bericht für den amerikanischen Stadtkommandanten, der eine Verschärfung der Schutzmaßnahmen veranlasste. Ob Brandt davon erfahren hat, dass er Zielobjekt einer amerikanischen Untergrundeinheit war, verrät Stejskal nicht.

1979 wurde es dann äußerst brenzlig für das Detachment A, allerdings nicht in Berlin, sondern dort, wo es nicht zu vermuten war, nämlich im Iran. Am 4. November erstürmten Demonstranten die amerikanische Botschaft in Teheran und nahmen 66 Geiseln. Hintergrund der Aktion war die Wut der Iraner über das Asyl, das die USA dem im Iran vielen verhassten Schah Reza Pahlavi gewährt hatte. Verhandlungen der Amerikaner mit den Geiselnehmern scheiterten schnell, und ökonomische Sanktionen der Vereinigten Staaten gegen den Iran ließen die Lage so eskalieren, dass die Geiselnehmer ernsthaft mit dem Tod ihrer Gefangenen drohten. Deshalb wurde eine militärische Befreiungsaktion geplant. Bei der Vorbereitung der Aktion musste berücksichtigt werden, dass sich nur ein Teil der Geiseln in der amerikanischen Botschaft befand. Drei Amerikaner, die gerade einen Termin im iranischen Außenministerium gehabt hatten, wurden dort festgehalten. Das Detachment A erhielt nun den Auftrag, einerseits im Vorfeld der Befreiungsaktion zunächst die Situation um die amerikanische Botschaft und das Außenministerium herum auszukundschaften, andererseits später die Geiseln im Außenministerium zu befreien. Zwei Soldaten reisten unauffällig mit falschen Papieren und auf getrennten Wegen in den Iran. Unabhängig voneinander kundschafteten sie die Umgebung der Einrichtungen aus. Unterstützt wurden sie dabei von Agenten der CIA, die schon länger vor Ort waren und sich in Teheran auskannten. Nach einer Woche kehrten die Männer vom Detachment A nach Frankfurt zurück, wo ihre Erkenntnisse ausgewertet wurden. Bei einem zweiten Besuch in Teheran kundschafteten die Soldaten dann mögliche Fahrtrouten der Befreiungstrupps aus.

Sollte Willy Brandt von östlichen Geheimdiensten getötet und entführt werden? Detachment A hatte den Auftrag, die Sicherheitsvorkehrungen zu überprüfen.

Für den eigentlichen Befreiungseinsatz wurden neun Mann der Berliner Einheit ausgewählt. Während die Geiseln aus der amerikanischen Botschaft von US-Armeeeinheiten unter Einsatz von Flugzeugen und Hubschraubern befreit werden sollten, war es Aufgabe des Detachment A, die im iranischen Außenministerium festgehaltenen Geiseln durch einen überfallartigen Angriff mit Pkw herauszuholen.

Doch der Einsatz der Luftstreitkräfte scheiterte. Bei einer Zwischenlandung im Wüstengebiet 600 Kilometer südöstlich von Teheran, bei der die Hubschrauber mit Kerosin aufgetankt werden sollten, das amerikanische Transportmaschinen dorthin gebracht hatten, stießen ein Hubschrauber und ein Flugzeug zusammen und gingen in Flammen auf. Chaos brach aus, der Einsatz wurde abgebrochen. Fünf intakte Hubschrauber, in denen sich geheime Einsatzdokumente befanden, blieben bei dem panikartigen Aufbruch der Truppen zurück.

Doch was war zwischenzeitlich aus den Detachment-A-Soldaten geworden, die das iranische Außenministerium stürmen sollten? Sie hatten von dem Unglück in der Wüste nichts mitbekommen und warteten in Teheran auf ihren Einsatz. Erst am nächsten Tag erfuhren sie durch eine Rundfunksendung der Deutschen Welle, was geschehen war. Völlig auf sich allein gestellt, mussten sie nun das Land verlassen und durften dabei keinesfalls als Amerikaner erkannt werden, denn die Stimmung in Teheran war nach dem missglückten Militäreinsatz von äußerster Aggressivität gegenüber den USA geprägt. Brisant war zudem, dass sich unter den in der Wüste zurückgelassenen CIA-Unterlagen auch Einsatzpläne des Detachment A befanden. Zu allem Überfluss hatte ein Pentagon-Mitarbeiter in den USA der Presse von dem Einsatzteam des Detachment A erzählt. Den Teammitgliedern gelang es trotz dieser Widrigkeiten, mit falschen Pässen den Iran mit einem Linienflug zu verlassen.

Iranische Studenten verbrennen im November 1981 auf dem Dach der US-Botschaft in Teheran eine amerikanische Flagge.

Sofort nach der Rückkehr begannen die Vorbereitungen für eine zweite Befreiungsaktion. Die Übungen des Detachment A in Berlin waren äußerst intensiv. Überwiegend zivil gekleidete, aber auch uniformierte Sturmtrupps liefen durch die Straßen, auf Übungsplätzen wurde so viel geschossen und wurden derart viele Rauchgranaten geworfen, dass sich Anwohner beschwerten. Zu einem Einsatz kam es jedoch nicht mehr, denn die Gefangenen wurden aufgrund von Verhandlungen 444 Tage nach ihrer Geiselnahme freigelassen.

1983 erhielt Detachment A den Auftrag, die Sicherheitsvorkehrungen an der Abhörstation auf dem Teufelsberg zu testen. Ziel der Übung war es, unbemerkt auf das Gelände der Station zu gelangen. Eines Nachts wurden Fahrzeuge getarnt im Grunewald abgestellt, und die Teams machten sich auf den Weg zur Abhörstation. Aber die Tarnung war nicht gut genug, denn eine Funkstreife der Berliner

Polizei entdeckte eines der Fahrzeuge. Misstrauisch geworden, wollten es die Polizisten kontrollieren, als plötzlich ein Trupp schwer bewaffneter Männer aus dem Wald stürmte. Die Soldaten erklärten den verblüfften Polizeibeamten, sie seien festgenommen, um den Ablauf des Einsatzes nicht zu stören. Nach dieser ungewollten Unterbrechung nahmen die Kräfte des Detachment A unbemerkt die Abhörstation ein. Folge der Übung war, dass die Sicherheitsvorkehrungen in der Anlage verstärkt wurden.

Doch wie es oft ist, wenn sich Routine einschleicht, ließen die Sicherheitsstandards nach. Identitäten von Angehörigen der Einheit wurden einem größeren Personenkreis bekannt, bei Abrechnungen und in der Gebäudeverwaltung des Detachment A legte man keinen Wert mehr auf Geheimhaltung, und so erfuhren auch Berliner Zivilangestellte, was es mit der Gruppe auf sich hatte. Weil die Armeeführung befürchtete, dass Informationen bis zum MfS oder KGB gelangen könnten, wurde das Detachment A im November 1983 aufgelöst.

Auf eine Stay-behind-Organisation in Berlin wollten die USA aber nicht verzichten, und so wurde eine neue Einheit unter der Bezeichnung Physical Security Support Element-Berlin (PSSE-B)

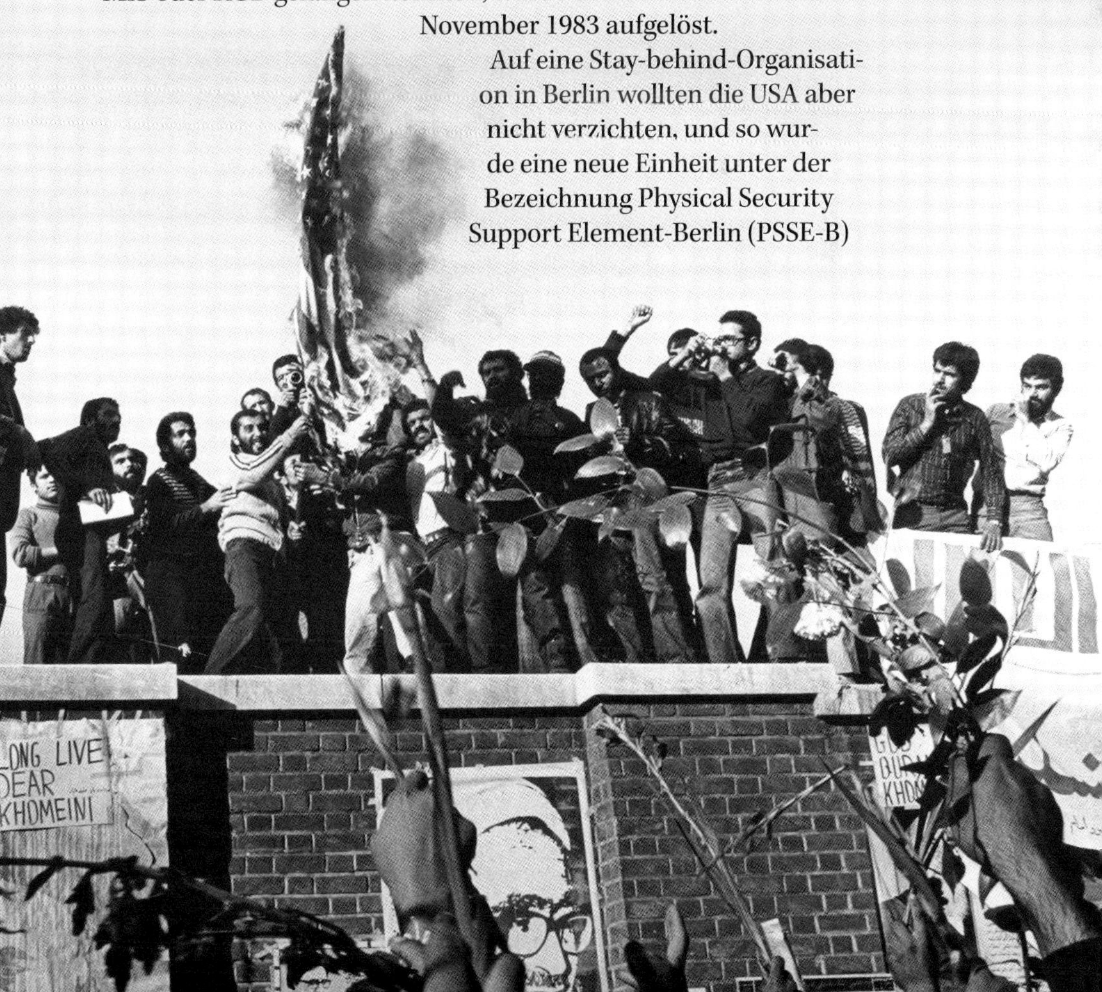

aufgebaut. Offiziell sollte sie Teil der Militärpolizei sein, deren Uniformen die Angehörigen der Einheit bei offiziellen Anlässen trugen. Die Legendierung des PSSE-B war so angelegt, dass MfS und KGB von der angeblichen Zugehörigkeit zur Militärpolizei Kenntnis erhalten konnten. Damit sollte die andere Seite auf eine falsche Fährte geführt werden. Jedoch unterlief den Verantwortlichen ein Fehler: Das PSSE-B übernahm Fahrzeuge des Detachment A, ohne dass die Autopapiere umlegendiert wurden. So konnten die deutschen Werkstattkräfte schnell erkennen, dass das PSSE-B eine Nachfolgeorganisation des Detachment A war, und es war nicht sicher, ob nicht noch weitere Kreise davon erfahren hatten. Da die Soldaten des PSSE-B auch dieselben Schießplätze wie das Detachment A benutzten, die zudem noch in unmittelbarer Nähe von Einrichtungen der Berliner Polizei lagen, ließ sich kaum vermeiden, dass Außenstehende Zusammenhänge zwischen beiden Einheiten erkannten.

Die Aufgabe des PSSE-B war dieselbe wie die des Detachment A, nämlich die Aufklärung von Zielen jenseits des Eisernen Vorhangs. Deshalb stand die Überwindung der Grenzanlagen von West nach Ost auch jetzt noch im Zentrum der Übungen. Außerdem wurden weitere Erddepots angelegt, in denen Nahrung und Waffen gebunkert wurden. Militärische und diplomatische Liegenschaften der Amerikaner waren Ziel von Inspektionen zur Überprüfung der Sicherheitsvorkehrungen gegen feindliche Angriffe. Die PSSE-B-Soldaten besuchten amerikanische Militäreinrichtungen, fotografierten sie und werteten Baupläne im Hinblick auf mögliche Angriffspunkte aus. Aufgrund der gewonnenen Erkenntnisse erhielten die Verantwortlichen Berichte zum Zustand der Anlagen und Vorschläge zur Verbesserung der Sicherheit.

Ab Mitte der 1980er-Jahre begannen sich die politischen Verhältnisse zu verändern: Gorbatschow propagierte Glasnost und Perestroika, die Bürgerrechtsbewegungen in der DDR erhielten immer mehr Zulauf und wagten sich zunehmend in die Öffentlichkeit. US-Präsident Ronald Reagan rief 1987 vor dem Brandenburger Tor: „Mr. Gorbachev, tear down this wall!“ Am Beispiel des PSSE-B zeigte sich nun, wie Entwicklungen mitunter an denjenigen vorbeigehen, die sich ganz und gar in eine bestimmte Rolle hineingelebt haben. Das PSSE-B probte nach wie vor unermüdlich den Kalten Krieg. Eine Übung folgte der anderen, in denen Angriffe des Feindes aus dem Osten abgewehrt wurden.

Nach den Ereignissen des 9. November 1989 war aber endgültig klar, dass die Zeit der Stay-behind-Organisationen abgelaufen war. Am 15. August 1990 wurde das PSSE-B offiziell aufgelöst.

Was wussten nun KGB und MfS über Detachment A und PSSE-B? Stejskal hat, um das feststellen zu können, Akten bei der Stasi-Unterlagenbehörde eingesehen. Es waren rund 100 000 Blatt Papier, die er durchforstet hat. Bei seinen Recherchen stellte sich heraus, dass das MfS recht gut über die US-Streitkräfte in Berlin informiert war. Man kannte die Stärke und Organisation der Militäreinheiten genauso wie die Ausbildung der Soldaten und ihre Unterbringung. Die Strukturen der amerikanischen Geheimdienste in Berlin hatte das MfS aufgrund offen zugänglicher Informationen einigermaßen zutreffend ermittelt. Von der Existenz des Detachment A und des PSSE-B wusste das MfS ebenfalls. In einem Bericht aus dem Jahre 1975 wurden Organisation und Aufgaben des Detachment A in groben Zügen beschrieben. Etwa ab 1985 war das MfS dann auch recht detailliert über das PSSE-B informiert. Von den Liegenschaften bis hin zu deren Möblierung wussten Mielkes Geheimdienstler ebenso wie von den Schutzmaßnahmen für die Gebäude, und sogar die zivile Bekleidung der PSSE-B-Angehörigen war bekannt. Was das MfS allerdings nicht wusste, waren die Namen der Soldaten und ihre konkreten Übungseinsätze.

Gab es nun auch Stay-behind-Organisationen auf der anderen Seite des Eisernen Vorhangs? Verfügte auch das MfS über Untergrundkämpfer, die dazu ausgebildet waren, in der Bundesrepublik und West-Berlin Sabotageaktionen für den Ernstfall vorzubereiten? Waren diese Gruppen möglicherweise in der Bundesrepublik aktiv?

Natürlich gab es solche Gruppen, man weiß auch einiges über ihre Strukturen und Aufgaben, wenig bekannt ist allerdings, wie genau sie agierten. Die Stasi-Unterlagenbehörde weist darauf hin, dass der Aktenbestand zu diesen Gruppen unvollständig und bei Weitem noch nicht erschlossen ist. Trotz der prekären Aktenlage lässt sich aber doch einiges über sie sagen. Es begann 1953, als Joseph Gutsche, ein Partisanenkämpfer, der während des Zweiten Weltkrieges im Auftrag des sowjetischen Geheimdienstes NKWD Untergrundeinsätze in den von der deutschen Wehrmacht besetzten Gebieten leitete, den Auftrag der DDR-Führung erhielt, eine Stay-behind-Organisation aufzubauen, die dem MfS zugeordnet wurde. Die Organisationseinheit erhielt den konspirativen Namen Abteilung zur besonderen Verwendung. Sie sollte militärisch neuralgische Punkte in der Bundesrepublik ausspionieren und in geheimen Lagern im Bundesgebiet Waffen, Sprengstoff und andere Utensilien deponieren, die für Sabotageaktionen gebraucht wurden.

Die Sonderabteilung, die zunächst nur aus sechs Mann bestand und ihren Stützpunkt am Großberliner Damm 101 in Berlin-Johannisthal hatte, begann 1953 mit ersten Überlegungen zu Sabotagevorbereitungen im Bundesgebiet. Ihre Zielstellung war, „unter normalen Bedingungen, wie auch im Falle bewaffneter Auseinandersetzungen, bereit zu sein, zum Schutze der Deutschen Demokratischen Republik aktive Aktionen gegen den Feind und sein Hinterland erfolgreich durchführen zu können". Dabei lag der Schwerpunkt der Aktionen besonders bei der Ausspähung von Objekten der Rüstungsindustrie, des Fernmeldewesens, der Energieversorgung, des Transportwesens und der Wasserversorgung. Die Maßnahmen sollten geeignet sein, die Kriegsvorbereitungen des Gegners zu behindern oder im Falle bewaffneter Auseinandersetzungen dessen Kampfkraft zu beeinträchtigen. Von den Angehörigen der Einheit wurden Waffenkenntnisse, Treffsicherheit beim Schießen, Erfahrung in der Nachrichtenübermittlung und des Verbindungswesens, aber auch die Fähigkeit zum Nahkampf, Fallschirmspringen sowie Fertigkeiten im Umgang mit verschiedenen Fahrzeugtypen gefordert. 1955 integrierte Mielke die Abteilung zur besonderen Verwendung in die HV A, 1959 wurde sie dann als Abteilung IV im MfS geführt.

Vereidigung der ersten NVA-Einheiten im April 1956. Auch die NVA baute eine Untergrund organisation auf, über die wenig bekannt ist.

Die Abteilung zur besonderen Verwendung war aber nicht die einzige Stay-behind-Organisation der DDR. Auch die NVA baute eine Untergrundorganisation auf, über die bisher wenig bekannt ist. Man weiß aber, dass Gustav Röbelen 1957 ihr Begründer war. Röbelen, wie Gutsche ein Partisanenkämpfer des Zweiten Weltkriegs, erhielt den Auftrag, eine Truppe zu organisieren, die „bei Angriffshandlungen der Bundeswehr auf die DDR im Hinterland des Feindes eine wirksame Partisanentätigkeit" entfalten konnte. Innerhalb von zwei Jahren wurde die Einheit aufgebaut. Sie stand jedoch unter keinem guten Stern, denn Röbelen mag ein versierter Untergrundkämpfer gewesen sein, war jedoch mit der Organisation und Verwaltung seiner Gruppe überfordert. Ihm wurden willkürliche Entscheidungen, laxer Umgang mit Sicherheitsbestimmungen und Kompetenzüberschreitungen vorgeworfen. Als er sich dann auch noch weigerte, Informationen an das MfS weiterzugeben, war das Maß voll, und er wurde 1959 abgesetzt. Seine Dienststelle erhielt nach einer umfangreichen Revision und gründlichen Umorganisation nun die Bezeichnung Verwaltung 15. Die neue Einheit gliederte sich in mehrere Gruppen, die aus drei bis fünf Mann bestanden. Ende 1959 verfügte sie über 49 Einsatzkräfte in der Bundesrepublik. Die Offiziere mussten der SED oder FDJ angehören, hatten im Sinne des Systems politisch aktiv zu sein und durften keine Westkontakte haben. Die Armeeführung legte bei der Werbung Wert auf jüngere Kandidaten, die einer strengen Sicherheitsüberprüfung unterzogen wurden. Ein Großteil der Männer erhielt gefälschte bundesdeutsche Ausweispapiere.

Im gesamten Bundesgebiet wurden als logistische Basis versteckte Depots angelegt, in denen unter anderem 700 Pistolen und Karabiner, 63 Maschinenpistolen, 17 Maschinengewehre, über 1600 Handgranaten und 220 000 DM für „operative Zwecke" lagerten.

Minister Mielke missfiel das Konkurrenzunternehmen der NVA, weshalb er alles daransetzte, die Abteilung 15 seinem Ministerium einzuverleiben. Auf seine Initiative entschied deshalb am 30. Mai 1962 der Nationale Verteidigungsrat der DDR, die Abteilung 15 in das MfS einzugliedern. Zur Begründung hieß es, die Zusammenlegung diene der „maximalen Ausnutzung der vorhandenen Kräfte und Mittel".

Mielke reichte dieser Machtzuwachs aber immer noch nicht, deshalb schuf er 1964 eine weitere Sondereinheit in seinem Ministerium, nämlich die Arbeitsgruppe des Ministers/Sonderaufgaben, kurz AGM/S. Dies war eine Eingreiftruppe, die nach ihrem Gründungsbefehl „unter allen Bedingungen der Lage bereit" sein sollte, „aktive Maßnahmen gegen den Feind und im Hinterland erfolgreich durchführen zu können". Dazu zählten Diversionsmaßnahmen, Gefangennahme von Personen und auch „physische Maßnahmen gegen Personen".

1988 verfügte diese Einheit über 623 Angehörige, wie viele von ihnen in der Bundesrepublik eingesetzt waren, ist nicht bekannt. Man weiß allerdings, dass die Arbeitsgruppe 346 Angriffsziele im Westen identifiziert hatte. Die Einsatzweise war klar definiert, die Angehörigen der Einheit sollten laut einer geheimen Ausarbeitung das Pendant zu den „Rangers" in den USA sowie zu den

„Einzelkämpfern" in der Bundesrepublik bilden. Auf die Bedeutung des konspirativen Verhaltens der geheimen Kämpfer wurde explizit hingewiesen: „Er wird nicht als ‚verwegener' Partisan mit der umgehängten MPi durchs Gelände streifen, sondern er wird als ‚gesitteter' Bürger, aber mit der griffbereiten Pistole und der Sprengstoffladung unterm Rock, seinem Ziel zustreben. Er wird wohnen, leben und arbeiten wie jeder normale Bürger, und nur wenige, nur seine engsten Mitarbeiter kennen. An seinen Aktionen sind in der Vorbereitung und Durchführung meistens nur wenige Mitkämpfer beteiligt. Das darf nicht anders sein, da der Partisan in Westdeutschland faktisch mit seinem Feind unter einem Dach wohnt."

In einem Geheimpapier mit dem Aktenzeichen 005-389/73 32 wurden sprengtechnische Grundprinzipien für die Zerstörung von Angriffsobjekten genannt. Mithilfe von Skizzen wird dargestellt, wo beispielsweise Sprengladungen an Schienen und Stützpfeilern anzubringen sind, um den größten Effekt zu erzielen. Bei der Sprengung von Eisenbahntunneln sollte die Explosion dann ausgelöst werden, wenn gerade ein Zug in den Tunnel eingefahren wäre.

Die ausgebildeten Spezialkämpfer zeichneten sich durch eine variable Verwendbarkeit aus. Deshalb wurden sie auch zur Absicherung von Großveranstaltungen in der DDR herangezogen. Ihr Einsatz erfolgte zum Beispiel im Rahmen der Sicherung des UEFA-Pokalspiels von Lok Leipzig gegen Fortuna Düsseldorf am 12. Dezember 1973 in Leipzig. Aus dem Bestand der AGM/S sowie der Abteilung IV wurden vier Einsatzgruppen mit je drei Kräften nach Leipzig geschickt. Im Ausrüstungsnachweis sind unter anderem Scharfschützengewehre, Maschinenpistolen, Ampullen mit Tränengas und Kampfmesser gelistet.

Was die geheimen Stay-behind-Organisationen des MfS in der Bundesrepublik getrieben haben, weiß man nicht. 2007 wurde allerdings bekannt, dass bundesdeutsche Ermittler untersucht hatten, ob die AGM/S mit dem Mord an dem deutschen Bankmanager Alfred Herrhausen im Jahr 1989, der allgemein der Roten Armee Fraktion (RAF) zugeschrieben wird, zu tun hatte. Bekannt geworden ist auch, dass im Frühjahr 1981 die RAF-Terroristen Helmut Pohl, Christian Klar, Adelheid Schulz und Inge Viett von AGM/S-Experten in Theorie und Praxis der Waffenkunde und des Sprengstoffwesens unterrichtet wurden.

Im Jahre 2007 wurde untersucht, ob die AGM/S etwas mit dem Mord an Alfred Herrhausen zu tun hatte. Polizisten begutachten den durch eine Bombe völlig zerstörten Wagen des Opfers.

LEGALE SPIONAGE

Erkundungsfahrten der Militärverbindungsmissionen

Dass auch ganz offiziell Spionage betrieben werden konnte, beweisen die sogenannten Erkundungsfahrten von Angehörigen westalliierter Militärverbindungsmissionen in der DDR. Diese Missionen wurden während des Zweiten Weltkriegs eingerichtet und dienten ursprünglich dem Zweck, mit den Befehlshabern der anderen Verbündeten auf kurzem Dienstweg Absprachen zu treffen. Nach Kriegsende wurden sie fortgeführt, die Amerikaner und Briten richteten sich in Potsdam ein, später kamen die Franzosen hinzu. Die Sowjetunion unterhielt Militärverbindungsmissionen in mehreren Städten der Bundesrepublik.

Kennzeichen westlicher Militärverbindungsfahrzeuge

Nach dem Krieg entwickelten sich die Potsdamer Militärverbindungsmissionen zu Zentren der Spionage. Auf Erkundungsfahrten, die dem Zweck dienten, Militäreinrichtungen in der DDR auszukundschaften, Manöver der Warschauer Paktstaaten zu beobachten oder Straßen- und Eisenbahnlinien zu erfassen, fuhren täglich Mitarbeiter der westalliierten Missionen durch die DDR. Diese Erkundungsfahrten fanden keineswegs konspirativ statt, sondern ganz offen in besonders gekennzeichneten Pkw. Sie waren durch das Londoner Abkommen aus dem Jahre 1944, mit dem das Deutsche Reich in Besatzungszonen aufgeteilt worden war, legitimiert und mussten von der anderen Seite akzeptiert werden.

Die DDR war in drei Zonen aufgeteilt, die jeweils von einer der westalliierten Missionen ausgekundschaftet wurden. In regelmäßigen Abständen wechselte die Zuständigkeit für die Zonen. Es gab allerdings mehrere Sperrgebiete, in denen Erkundungsfahrten verboten waren. Darüber hinaus wurden zeitweilige Verbotszonen eingerichtet, zum Beispiel bei Manövern oder Truppenverlegungen. Mitunter waren bis zu 40 Prozent des DDR-Gebiets für die westlichen Missionen nicht zugänglich. Deren Missionsangehörige akzeptierten allerdings die zeitweiligen Sperrzonen nicht, da diese keine Grundlage im Londoner Abkommen hatten. Deshalb unternahmen sie auch dort Erkundungsfahrten. NVA und MfS setzten ihrerseits alles daran, diese Fahrten zu verhindern.

Die Missionsangehörigen, die auf Erkundungsfahrt gingen, waren entsprechend ausgebildet und mit hochwertigen Kameras ausgerüstet. Sie nutzten stark motorisierte Pkw und Geländewagen, die besonders ausgestattet waren. Zum Beispiel verfügten die Fahrzeuge über so große Tanks, dass Fahrten in der gesamten DDR möglich waren, ohne dass nachgetankt werden musste.

Für die westlichen Missionsangehörigen war bei ihren Erkundungsfahrten alles interessant, was sie in die Finger bzw. vor die Linse bekommen konnten. Wenn Sowjets und die NVA ein Manöver beendet hatten, filzten sie das Gelände, um aus weggeworfenem Müll und Munitionsresten Rückschlüsse auf die Ausrüstung der Militäreinheiten zu ziehen. Auch Müllkippen in der Nähe sowjetischer Militärstandorte weckten das Interesse der westlichen Spione, denn weil sie nicht ausreichend Toilettenpapier zur Verfügung hatten, nutzten sowjetische Soldaten stattdessen geheime militärische Unterlagen. Und Krankenhausabfälle lieferten Erkenntnisse über den Gesundheitszustand der Armeeangehörigen.

Von großem Interesse für die Westalliierten war das Marschverhalten der Roten Armee am 17. Juni 1953. An diesem Tag wurden Truppen verlegt, ohne dass es zuvor Planungen dafür gegeben hatte. Die Bewegungen der Militäreinheiten wurden genau beobachtet und später ausgewertet. Dabei stellten die westalliierten Späher chaotische Verhältnisse fest: Truppenkontingente wurden auseinandergerissen, und unkoordinierte Kolonnenbewegungen führten zu zahlreichen Unfällen. In der britischen Mission konstatierten die Analytiker „eine schlechte Marschdisziplin".

Natürlich versuchten die Sowjets und das MfS, die Erkundungsfahrten mit allen Mitteln zu sabotieren. Regelmäßig wurden Fahrzeuge der Militärverbindungsmissionen verfolgt, die wiederum ihre Verfolger abzuschütteln versuchten. Dabei kam es zu wilden Verfolgungsjagden, bei denen sich über 100 Verkehrsunfälle ereigneten.

In der Nacht zum 20. Oktober 1959 befanden sich der französische Leutnant Moser sowie die Hauptgefreiten Marchand und Choquet auf einer Erkundungsfahrt in der Nähe von Angermünde. Ihr Auftrag lautete festzustellen, warum dort ein neues Sperrgebiet ausgewiesen worden war. Auf ihrer Fahrt passierten die drei eine Gruppe sowjetischer Soldaten. Ohne Vorwarnung eröffneten die Sowjets, die das Auto wohl nicht als Missionsfahrzeug erkannt hatten, das Feuer. Ein Schuss traf das Heck des Wagens. Daraufhin gab Moser Gas und raste davon. Eine Maschinengewehrsalve traf die Franzosen, Moser wurde am Bein getroffen und schwer verletzt. Trotzdem gelang es ihm, dem Feuer zu entkommen.

Am Abend des 10. März 1962 waren in Kleinmachnow starke Einheiten der Grenzarmee der DDR zusammengezogen. Das MfS hatte Hinweise auf eine bevorstehende Flucht, die verhindert werden sollte. Nick Brown, britischer Missionsangehöriger, wusste davon nichts und befand sich dort mit seinem Fahrer Douglas Day arglos auf einer Erkundungsfahrt. Plötzlich wurde ohne Vorwarnung auf die beiden Briten geschossen. 37 Kugeln trafen das Missionsfahrzeug. Day wurde getroffen, anschließend umstellten Armeeeinheiten das Fahrzeug, die Insassen wurden kontrolliert und Day ins nächste Krankenhaus gefahren, wo er eine Woche lang transportunfähig lag. Natürlich führte der Vorfall zu einem scharfen Protest der Briten. Die Antwort der Sowjets war lapidar: Es sei unklug gewesen, sich nachts in unmittelbarer Nähe zur Grenze aufzuhalten.

Zu einem folgenschweren Unfall kam es am 22. März 1984. In der Nähe der Otto-Brosowski-Kaserne bei Halle fand an diesem Tag eine Übung der NVA und des MfS statt. Da man im MfS davon ausging, dass das Manöver von der französischen Mission beobachtet werden würde, trafen die Geheimdienstler Vorbereitungen, um die Missionsfahrzeuge zu blockieren. Auf den Zufahrtswegen zur Kaserne waren Militärfahrzeuge postiert, um die Anfahrt der Franzosen zu verhindern. Aus französischer Sicht geschah dann Folgendes: Als das Missionsfahrzeug am Nachmittag an der Kaserne vorbeifuhr, wurde es von einem NVA-Fahrzeug verfolgt. Der Fahrer des Missionsfahrzeugs beschleunigte daraufhin. In diesem Moment kam ein Lkw der NVA entgegen. Der Fahrer des Missionsfahrzeugs versuchte rechts an dem Lkw vorbeizufahren. Als sich beide Fahrzeuge auf gleicher Höhe befanden, lenkte der Lkw plötzlich nach links und rammte das Missionsfahrzeug auf der Fahrerseite. Anders stellte es ein Bericht der Hauptabteilung IX/7 des MfS vom 23. März 1984 dar: „In Folge Schlängelfahren des MVM-Fahrzeuges bei ständiger Erhöhung seiner Geschwindigkeit kam es zum Zusammenstoß zwischen den beteiligten Fahrzeugen." Der Fahrer des Missionsfahrzeugs, Philippe Mariotti, starb sofort, einer der beiden Begleiter wurde schwer, der andere leicht verletzt. In den Vernehmungen gaben der Fahrer des Lkw sowie dessen Beifahrer, ein MfS-Mitarbeiter mit dem Decknamen „Paul Schmidt", an, vor dem Unfall nicht erkannt zu haben, dass es sich um ein Missionsfahrzeug gehandelt habe. Jahre später schrieb ein

Ermittler des MfS: „In Halle steht ein Gedenkstein an die damaligen Geschehnisse. (…) Der Text der Gedenkplatte enthält u. a. die Worte ‚… wurde er Opfer einer Fahrzeugblockade des Ministeriums für Staatssicherheit der DDR.' Das ist eine eindeutig falsche Darstellung. Der Militärspion Sergent (*sic*) Mariotti wurde nicht Opfer einer Fahrzeugblockade durch das MfS, sondern Opfer seines Versuches, der für ihn unehrenhaften Blockade in einem Sperrgebiet mit hoher Geschwindigkeit zu entkommen. Er rammte einen Lkw der NVA, nicht der Lkw das Fahrzeug (…) der französischen Militärverbindungsmission." Dass in dem Lkw ein Angehöriger des MfS saß, verschweigen die Ermittlungsberichte des MfS. Der Fahrer des NVA-Lkw erhielt später eine Auszeichnung und eine Geldprämie.

Am 24. März 1985 unternahmen der amerikanische Major Arthur D. Nicholson und Feldwebel Jessie Schatz eine Kontrollfahrt zu einem Übungsgelände der Roten Armee bei Techentin in Mecklenburg-Vorpommern. Nicholson wollte dort in eine Halle

eindringen, in der möglicherweise Panzer abgestellt waren. Vor der Fahrzeughalle stoppte Schatz, der den Wagen steuerte, Nicholson griff seine Kameraausrüstung, stieg aus und lief auf die Halle zu. Schatz öffnete die Dachluke des Fahrzeugs und beobachtete die Umgebung. Plötzlich sah er in einiger Entfernung einen Wachsoldaten mit angelegter Kalaschnikow auf sich zukommen. Er rief Nicholson eine Warnung zu, während er versuchte, mit dem Fahrzeug an Nicholson heranzukommen, um ihn aufzunehmen. In diesem Moment fielen Schüsse, Nicholson brach getroffen zusammen. Schatz wollte Nicholson helfen, doch der sowjetische Soldat drängte ihn in das Fahrzeug zurück. Von dort musste er ansehen, wie Nicholson starb. Erst nach einer Stunde wurde der Tote geborgen.

Die Fahrzeuge der amerikanischen Mission waren im Föhrenweg in Berlin-Dahlem stationiert. Von dort starteten sie, fuhren über die Glienicker Brücke und nahmen auf der anderen Seite die Missionsangehörigen auf. Im Föhrenweg sollen auch Bargeldvorräte gelagert worden sein, die zum Ankauf neuer Fahrzeuge gedient hätten. West-Berliner Nachrichtendienstler kolportierten seinerzeit, das Geld sei auch zur Bezahlung von Agenten jenseits des Eisernen Vorhangs verwendet worden.

Gedenkstein für Philippe Mariotti in der Dölauer Heide

Natürlich hatte das MfS ein Interesse daran zu erfahren, was in den westlichen Missionen in Potsdam vor sich ging. Da die Reinigungskräfte und andere Arbeiter DDR-Bürger waren, hatte der Geheimdienst gute Möglichkeiten, konspirativ in die Missionen einzudringen. So sollte zum Beispiel ein Missionsangehöriger, der in den MfS-Akten als „Justin“ bezeichnet wird, als Inoffizieller Mitarbeiter geworben werden. Fälschlicherweise ging man davon aus, dass „Justin“ Angehöriger der Stay-behind-Organisation Detachment A war. Aus der Tatsache, dass das Umfeld von „Justin“ abgeklärt worden war, um die Möglichkeiten einer Werbung einschätzen zu können, ist zu schließen, dass das MfS Inoffizielle Mitarbeiter in der amerikanischen Militärverbindungsmission hatte.

Nicht unerwähnt bleiben soll, dass sowjetische Aufklärungsfahrzeuge auch in West-Berlin blockiert wurden. Mitunter klemmte man sie so zwischen Fahrzeugen der Westalliierten ein, dass sie nicht vor und zurück kamen, und hielt die sowjetischen Missionsangehörigen so stundenlang fest.

DIE HELFER DER SPIONE

West-Berliner Organisationen im Dienst der Geheimdienste

Der Kalte Krieg tobte in Berlin anfangs besonders heftig, beiderseits des Eisernen Vorhangs wurde mit harten Bandagen gekämpft. Viele Menschen in West-Berlin stellten sich der Auseinandersetzung mit der östlichen Seite. Sie wollten, beflügelt von humanistischen Ideen, den Regierungskurs der DDR in eine menschlichere Richtung bewegen. Die Mittel, die dabei im Kampf um Freiheit und Demokratie eingesetzt wurden, waren allerdings teilweise sehr fragwürdig.

Der Gründer und Leiter der Kampfgruppe gegen Unmenschlichkeit, Rainer Hildebrandt, während einer Veranstaltung der Organisation am 21. September 1950 in Berlin

Schon kurz nach dem Zweiten Weltkrieg entstanden in West-Berlin Organisationen, die einerseits die Menschen jenseits des Eisernen Vorhangs unterstützen und beraten, ihnen bei der Flucht helfen und sie danach in West-Berlin bei einem Start in ein neues Leben begleiten wollten. Ihr Ziel war es aber auch, dem DDR-Regime möglichst großen Schaden zuzufügen. Diese Mischung aus Hilfsbereitschaft und Kampfgeist führte dazu, dass sich mehrere politische Organisationen auf eine Zusammenarbeit mit westlichen Geheimdiensten einließen.

Das Freiheitszeichen der KgU auf dem Schild eines Ost-Berliner SED-Parteibüros, um 1949

KAMPFGRUPPE GEGEN UNMENSCHLICHKEIT

Terroristen im Dienst der Demokratie? Gab es so etwas? Ein wenig an eine Terrororganisation erinnert die Kampfgruppe gegen Unmenschlichkeit (KgU), die in der Ost-/West-Auseinandersetzung eine recht ominöse Rolle spielte. Die Organisation wurde im Oktober 1948 von Rainer Hildebrandt, dem späteren Gründer des Mauermuseums, und Ernst Tillich gegründet. Hildebrandt stand während der NS-Zeit mit Widerstandskämpfern in Kontakt und wurde deshalb zweimal verhaftet. Auch Tillich, Mitglied der Bekennenden Kirche, war mit dem Widerstand gegen das NS-Regime verbunden und zeitweise im KZ Sachsenhausen inhaftiert. Für beide bedeutete aktiver Widerstand gegen die Unrechtsherrschaft in der DDR eine moralische Verpflichtung. Eine wichtige Rolle in der KgU spielte auch der spätere Präsident des Bundesverfassungsgerichts Ernst Benda.

Die Gründungsphase der KgU fiel in die Zeit der Blockade, die in West-Berlin zu einer äußerst aggressiven Stimmung gegen die DDR führte. Gerade unter jungen Menschen war die Meinung verbreitet, man müsse dem Kommunismus mit aktiven Kampfmaßnahmen begegnen. Angefeuert wurde diese Stimmung dadurch, dass Menschen in der Sowjetzone einfach verschwanden, von der sowjetischen Besatzungsmacht in Speziallagern eingesperrt oder in die Sowjetunion verschleppt wurden, ohne dass ihre Familienangehörigen davon erfuhren. So war die erste Aufgabe der KgU der Aufbau eines Suchsystems. Dazu befragten Mitarbeiter der Organisation Flüchtlinge gezielt nach Verhaftungen und bauten aufgrund der so gewonnenen Erkenntnisse eine Kartei auf, die im Jahre 1949 bereits 12 000 Suchaufträge umfasste. Mithilfe der Kartei konnten allein bis 1949 ungefähr 8500 Häftlinge in der DDR und der Sowjetunion ermittelt werden. Von jeder Karteikarte ging ein Durchschlag an den US-amerikanischen Geheimdienst CIC. Was dort mit den Informationen geschah, ist nicht bekannt.

Die Tätigkeit der KgU ging aber bald weit darüber hinaus, politische Häftlinge zu ermitteln. Vor allem in Schulen und Universitäten gewann die Organisation Anhänger, die in der DDR Flugblätter und Flugschriften verteilten. In illegal über die Grenze gebrachten Druckerzeugnissen wurde über die Politik der SED, der FDJ und insbesondere die Aktivitäten des MfS berichtet. Im Rahmen der sogenannten F-Kampagne pinselten Aktivisten massenweise diesen Buchstaben an Häuserwände. F stand für Freiheit und sollte das Symbol des Widerstands sein. Die Aktion fiel in der DDR auf fruchtbaren Boden, und die Volkspolizei hatte alle Hände voll zu tun, die Zeichen wieder zu entfernen. Teilweise wurden sie einfach zu FDJ ergänzt.

Sendungen des RIAS nutzte die KgU, um über dessen Suchdienst in Kontakt mit Bewohnern der DDR zu kommen, die sie dann für eine Mitarbeit anwarb. Deren Aufgabe bestand nicht nur im Verteilen von Flugblättern, sondern auch in der Lieferung geheimdienstlich interessanter Informationen.

In Abstimmung mit der CIA arbeitete die Organisation auch am Aufbau einer Stay-behind-Organisation in der DDR; allerdings scheint dieses Vorhaben nicht realisiert worden zu sein.

Kontrolliert und finanziert wurde die KgU zunächst von amerikanischen Geheimdiensten, aber auch vom Roten Kreuz und der

Caritas. So unterstützte zum Beispiel das CIC den Umzug der KgU in größere Räume mit einem finanziellen Zuschuss. Auch von der Bundeszentrale für politische Bildung flossen in den 1950er-Jahren Geldmittel.

Nicht immer ging die KgU bei der Werbung von Informanten zimperlich vor. Der in Weimar lebende Gerhard Benkowitz war einer derjenigen, der die KgU um Hilfe bat. Er suchte nach seinem Vater, der 1945 von den Sowjets verschleppt worden war. Seitdem hatte die Familie kein Lebenszeichen mehr von ihm erhalten. Benkowitz blitzte jedoch zunächst ab, weil der KgU der Rechercheaufwand zu groß war. Schließlich versprach man ihm, nach seinem Vater zu suchen, wenn er im Gegenzug dafür Informationen aus der DDR lieferte. Benkowitz ließ sich auf diesen Deal ein, der ihm zum Verhängnis wurde, denn er geriet bald ins Netz des MfS und wurde verhaftet. In seiner Vernehmung gab er an, Hochspannungsmasten und Elektrizitätswerke, auf die die KgU Sprengstoffanschläge verüben wollte, ausgekundschaftet zu haben. Weil man ihm auch nachweisen wollte, im Besitz von Sprengstoff gewesen zu sein, schleuste das MfS einen Spitzel in seine Zelle ein, der ihn aushorchte. Doch erfolglos, etwas Derartiges ließ sich Benkowitz nicht nachweisen, deshalb wurde der entsprechende Anklagepunkt fallengelassen. Nachgewiesen werden konnte ihm aber die Versendung von Drohbriefen an Weimarer Partei- und Staatsfunktionäre. Bei den Vernehmungen gaukelten ihm seine Vernehmer vor, er könne ein mildes Urteil erwarten, wenn er ein umfassendes Geständnis ablege. Er gestand und wurde entgegen der Zusage zum Tode verurteilt. Diese Entscheidung wurde mit der Schwere seiner Taten begründet. Am 29. Juni 1955 wurde Benkowitz hingerichtet.

Zu Beginn der 1950er-Jahre ging die KgU unter dem Stichwort „administrative Störungen“ zu Sabotageanschlägen auf zivile Einrichtungen in der DDR über. Kampfgruppenmitglieder beschädigten zum Beispiel die Finowkanalbrücke bei Zerpenschleuse und sprengten an verschiedenen Stellen Eisenbahngleise. 1951 wurden im Vorfeld der in Ost-Berlin abgehaltenen Jugendweltfestspiele von KgU-Aktivisten „Reifentöter“ ausgestreut, um die Anreise der Teilnehmer zu stören. An den Nachmittagen des 4. und 8. September 1951 legten Mitglieder der KgU während der Öffnungszeit Brände in Leipziger Kaufhäusern, die allerdings keinen größeren

Schaden anrichteten, weil sie rechtzeitig entdeckt und gelöscht werden konnten.

Einer der militantesten Untergrundkämpfer der KgU war Johann Burianek. Er brachte zu den Jugendweltfestspielen 1951 Stinkbomben, Brandsätze und Phosphorampullen nach Ost-Berlin, die während der Spiele eingesetzt werden sollten. Ein anderes seiner Angriffsziele war der „Blaue Express", der D-Zug Berlin-Warschau-Moskau. Diesen Zug wollte Burianek am 21. Februar 1952 auf einer Brücke bei Erkner in die Luft jagen. Tagelang erkundete er den vorgesehenen Tatort, die Durchfahrtszeiten des Zuges sowie den Autoverkehr unter der Brücke. Der Anschlag wurde jedoch einen Tag vor dem geplanten Termin abgeblasen, weil das versprochene Fluchtfahrzeug nicht zur Verfügung stand. Burianek ging dem MfS am 5. März 1952 ins Netz. Er wurde gemeinsam mit Wolfgang Kaiser vor Gericht gestellt.

Kaiser, der Leiter des Labors der KgU, war der Mann hinter den Kulissen. Er bastelte an Nebel- und Stinkbomben, baute Brandsätze und experimentierte mit gefährlichen Säuren, unter anderem mit dem Nervengift Cantharidin. Die Säuren sollten im Kriegsfall eingesetzt werden. Kaisers Aktivitäten und seine Identität wurden dem MfS durch mehrere Inoffizielle Mitarbeiter bekannt. Einer von ihnen war sein Ost-Berliner Studienfreund Wolfgang Baumbach, der zunächst im Auftrag des MfS versuchte, ihn mit politischen Argumenten zu einer Beendigung seiner Tätigkeit für die KgU zu bewegen. Als das nicht fruchtete, gab Baumbach sich als hauptamtlicher MfS-Mitarbeiter aus und bezahlte Burianek, der gerne dem Alkohol zusprach und sich in ständiger Geldnot befand, für Informationen über die KgU mit Beträgen von 20 bis 30 DM. Am 8. Mai 1952 nahm Kaiser, wahrscheinlich unter Alkoholeinfluss, das vermeintliche Angebot des MfS zu einem Treffen an und meldete sich, ausstaffiert mit einer Pistole, einem Totschläger und einer mit einem Betäubungsmittel getränkten Zigarette, in Begleitung von Baumbach, der ebenfalls bewaffnet war, um 3:00 Uhr nachts auf einem Ost-Berliner Polizeirevier, wo er festgenommen wurde.

In der Vorbereitung eines groß angelegten Schauprozesses gegen Burianek und Kaiser, der unter Leitung von Hilde Benjamin stand, die wegen ihrer harten Urteile erst den Namen „Rote Hilde" erhielt, später dann „Guillotine" genannt wurde, sagten die Vernehmer milde Strafen zu, wenn beide ihre Taten eingestehen würden.

Der Prozess vor dem Obersten Gericht fand im Mai 1952 in Anwesenheit zahlreicher Journalisten aus Ost und West statt. Der Berliner Rundfunk übertrug Auszüge der mündlichen Verhandlung. Generalstaatsanwalt Ernst Melsheimer beschrieb Kaiser als „Leiter des chemisch-technischen Labors der KgU". Bei der Einvernahme eines Sachverständigen kam heraus, dass der von Kaiser mit Kaliumchlorat und Ammoniumnitrat bestückte und an Burianek gelangte Koffer nicht zum Sprengen der Eisenbahnbrücke bei Erkner geeignet war, sondern allenfalls die Schienen zum Schmelzen gebracht hätte. Dies überspielte Melsheimer, indem er das mögliche Inbrandsetzen der Brücke als „Hochgehen" bezeichnete. Besonders interessierten Melsheimer die von Kaiser angeschafften 25 Gramm des Nervengifts Cantharidin. Das Gift war tatsächlich an einige Kontaktleute in der DDR ausgegeben, aber nicht verwendet worden. Melsheimer legte dar, dass unter der Voraussetzung „bestmöglicher intravenöser Anwendung" mit dieser Menge 25 000 Menschen hätten getötet werden können.

Am 25. Mai 1952 erging das Todesurteil gegen Burianek, am 9. August 1952 folgte das gegen Kaiser.

Während des Prozesses gingen die militanten Aktionen der KgU unverändert weiter. An DDR-Funktionäre wurden Drohbriefe, teilweise mit Morddrohungen, verschickt. Funktionären des Freien Deutschen Gewerkschaftsbundes (FDGB) wurde in gefälschten Schreiben die Kündigung erklärt, Finanzämter in falschen Dienstanweisungen aufgefordert, auf die Erhebung von Steuern zu verzichten. Daneben betrieb die KgU auch Wirtschaftssabotage. Durch Manipulation der Behördenpost wurden

Der Angeklagte Johann Burianek steht im Prozess 1952 zur Beweisaufnahme vor der Vizepräsidentin des bersten Gerichts, Hilde Benjamin (r.).

Lebensmitteltransporte fehlgeleitet und gefälschte Anordnungen für die Produktion von Konsumgütern sowie für Preisreduzierungen im Einzelhandel verschickt. Maschinen und Lebensmittel wurden unbrauchbar gemacht, gefälschte Briefmarken gingen in Umlauf, auf einer war Ulbricht mit einer Schlinge um den Hals abgebildet. Einige dieser Aktionen erfolgten vermutlich im Auftrag oder zumindest in Abstimmung mit der CIA.

Burianek und Kaiser waren nicht die einzigen KgU-Mitglieder, die inhaftiert und verurteilt wurden. Ein Spion der Vorläuferorganisation des MfS mit dem Decknamen „Roland", der als Pförtner bei der KgU beschäftigt war und Zugang zu sämtlichen Räumen hatte, beschaffte umfangreiches Material, das dazu diente, etwa 200 Personen in der DDR zu verhaften, die im Verdacht standen, Kontakt zur KgU unterhalten zu haben. Ende November 1951 verhängten sowjetische Militärtribunale in 42 Fällen die Todesstrafe gegen tatsächliche oder mutmaßliche KgU-Informanten, die übrigen Angeklagten wurden zu Lagerhaft zwischen zehn und 25 Jahren verurteilt.

Nach 1952 ließen die militanten Aktivitäten der KgU deutlich nach, denn man hatte inzwischen erkannt, dass der erhoffte Umsturz in der DDR so bald nicht stattfinden würde. Schließlich wurde die KgU auf Betreiben des Berliner Senats und des Bundesministeriums für gesamtdeutsche Fragen im März 1959 aufgelöst.

UNTERSUCHUNGSAUSSCHUSS FREIHEITLICHER JURISTEN

Den Pressionen, Verhaftungen und Verurteilungen in der sowjetischen Besatzungszone wollte man von westlicher Seite im Rahmen der beschränkten Möglichkeiten etwas entgegensetzen. Deshalb entstand etwa 1948 die Idee, eine Organisation zu gründen, die Rechtsverletzungen jenseits der Grenze dokumentieren sollte. Vermutlich kam die Idee von dem CIA-Offizier Henry Hecksher. Hecksher soll bei seinen Überlegungen von Anfang an geplant haben, die Vereinigung auch für Spionagezwecke zu nutzen. Um den Aufbau der Gruppe vorzubereiten, warb er den Rechtsanwalt Horst Erdmann an, der unter dem Pseudonym

Dr. Theo Friedenau in einer West-Berliner Zeitschrift einen Aufruf veröffentlichte, in dem er sich dafür aussprach, Informationen über Rechtsverletzungen in der sowjetischen Besatzungszone zu sammeln, um die Täter eines Tages zur Rechenschaft ziehen zu können. Im Herbst 1949 wurde dann der Untersuchungsausschuss Freiheitlicher Juristen (UFJ) gegründet. Sein erklärtes Ziel war die Vorbereitung späterer Strafverfahren gegen die Täter in der DDR. Außerdem sollte die „Drohung des Rechts" bei den Funktionsträgern in der sowjetischen Besatzungszone Zurückhaltung im Umgang mit politisch Verfolgten bewirken. In einem Flugblatt vom 28. Oktober 1949 wurde die Bevölkerung in der sowjetischen Besatzungszone aufgerufen,

Auszahlungsschein an den Leiter des Untersuchungsausschusses Freiheitlicher Juristen, Horst Erdmann – alias Dr. Theo Friedenau –, für von ihm an den CIC gelieferte Spionageberichte vom 28. September 1954

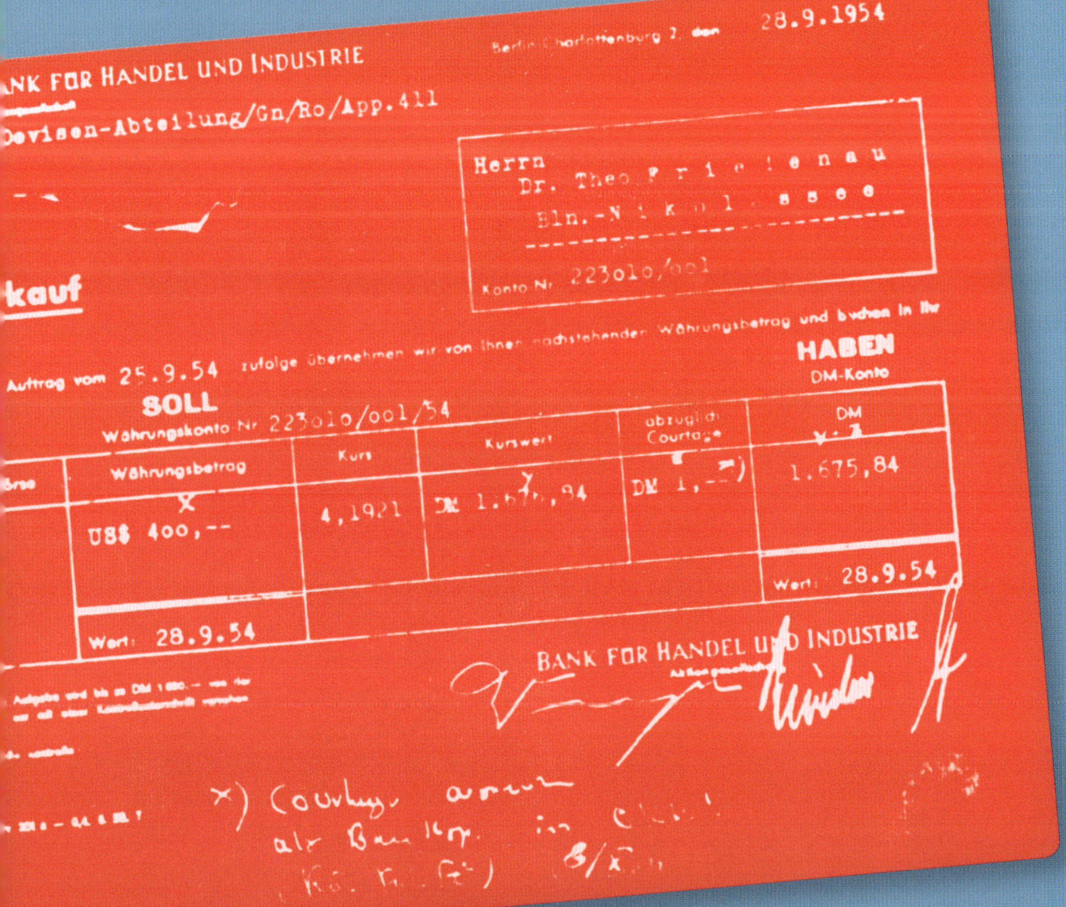

NK FÜR HANDEL UND INDUSTRIE

Berlin-Charlottenburg 2, den 28.9.1954

Devisen-Abteilung/Gn/Ro/App.411

Herrn
Dr. Theo F r i e d e n a u
Bln.-N i k o l a s s e e

Konto Nr 223010/001

kauf

Auftrag vom 25.9.54 zufolge übernehmen wir von Ihnen nachstehenden Währungsbetrag und buchen in Ihr

SOLL Währungskonto Nr 223010/001/54

HABEN DM-Konto

Währungsbetrag	Kurs	Kurswert	abzüglich Courtage	DM
US$ 400,--	4,1921	DM 1.676,84	DM 1,--x)	1.675,84
Wert: 28.9.54				Wert: 28.9.54

BANK FÜR HANDEL UND INDUSTRIE

„dem von der augenblicklichen Staatshoheit und ihren Vertretern sanktionierten oder sogar befohlenen Verbrechen" dem UFJ anzuzeigen. Richter und Staatsanwälte in der sowjetischen Besatzungszone rief das Flugblatt dazu auf, „Willkür und Ungerechtigkeiten zu vermeiden".

Der UFJ beriet DDR-Bürger, wie sie sich gegen die unrechtmäßige Behandlung durch staatliche Organe wehren konnten, und sammelte bei dieser Gelegenheit in großem Umfang Informationen. Das Bedürfnis, der Organisation Angaben zu machen, war groß. Es gab Zeiten, in denen täglich bis zu 150 Menschen die Geschäftsstelle aufsuchten, um über Ereignisse und Entwicklungen in der DDR zu berichten. Viele der Besucher konnten bei den Gesprächen zur regelmäßigen Mitarbeit geworben werden.

Der UFJ führte eine „Belastetendatei" und eine „Beurteilungsdatei" über DDR-Funktionäre, in denen deren politische Aktivitäten festgehalten wurden. Diese Dateien umfassten 1959 rund 100 000 Personen.

Im Haus Limastraße 29 in Berlin-Zehlendorf hatte der UFJ seine Zentrale.

Der UFJ schenkte aber nicht nur den Verfolgten Beachtung, sondern hatte auch andere Interessen. So sammelte er Informationen über Großbaustellen in der DDR, aber auch über Flug- und Truppenübungsplätze. Auch Produktionsergebnisse von Industriebetrieben weckten seine Aufmerksamkeit. Diese Daten dienten weniger dem Interesse des UFJ selbst, als vielmehr dem amerikanischer Geheimdienste. Für die CIA war die Organisation eine Fundgrube aufschlussreicher Informationen, auch wenn der UFJ die Bedürfnisse der Geheimdienstler nicht in vollem Umfang befriedigen konnte, denen es besonders um Erkenntnisse aus dem militärischen Bereich ging. Die Idee der CIA, den UFJ, ähnlich wie die KgU, zu einer paramilitärischen Kampf- und Sabotagegruppe auszubauen, scheiterte allerdings, weil sich die Juristen der Organisation für Derartiges nicht hergeben wollten.

Der UFJ strebte an, Einfluss auf Behörden in West-Berlin und der Bundesrepublik zu nehmen, indem er ihnen zuarbeitete. Dies gelang auch teilweise, denn mehrere deutsche Stellen ließen sich von der Organisation Personalgutachten über DDR-Flüchtlinge erstellen, um zu klären, ob die Betroffenen möglicherweise an der Verfolgung von Menschen in der DDR beteiligt waren. Auch einige Firmen kontaktierten den UFJ, bevor sie Flüchtlinge einstellten. Allein 1955 erstellte die Organisation nach eigenen Angaben 8900 solcher Gutachten. Eng arbeitete die Organisation mit dem RIAS zusammen, für dessen Sendungen er regelmäßig Material lieferte.

Der UFJ wurde zunächst von der CIA finanziert, dann aber zunehmend und ab 1960 ausschließlich aus Mitteln des Bundesministeriums für gesamtdeutsche Fragen.

Die DDR-Führung und das MfS bekämpften den UFJ mit allen Mitteln. Am 15. März 1952 erließ Mielke eine Dienstanweisung, in der er alle staatlichen Organe verpflichtete, Personen zu melden, die sich als Spitzel im UFJ eigneten. Tatsächlich gelang es, eine ganze Reihe Inoffizieller Mitarbeiter dort zu platzieren, mit deren Hilfe Kontaktpersonen enttarnt und in Schauprozessen verurteilt wurden. Eine Statistik des MfS zeigt die Herkunft der Verurteilten; sie kamen überwiegend aus der höheren Bildungsschicht. 32 Prozent waren Angehörige des Staatsapparates, 31 Prozent Ingenieure und Konstrukteure in Volkseigenen Betrieben, 17 Prozent Juristen, zehn Prozent Abteilungsleiter in Volkseigenen Betrieben und zehn Prozent Handwerker und Geschäftsleute.

Auch mit Psychoterror ging das MfS gegen UFJ-Mitarbeiter vor. Anonyme Drohbriefe wurden verschickt, ein Mitarbeiter wurde laufend angerufen, das MfS bestellte im Namen des UFJ Waren, beauftragte Handwerker, und sogar ein Kammerjäger wurde in die Geschäftsstelle beordert. Diese Maßnahmen behinderten die Arbeit der Organisation zwar beträchtlich, konnten sie aber nicht unterbinden.

1958 gelang dem MfS der entscheidende Schlag gegen den UFJ. Am 25. Juli des Jahres wurden auf einer Pressekonferenz in Ost-Berlin Dokumente präsentiert, die belegen sollten, dass sich der Leiter der Organisation, Horst Erdmann, der „Hochstapelei" und der „mehrfachen Fragebogenfälschung" schuldig gemacht habe. Er führe seinen Doktortitel zu Unrecht, habe in Fragebögen falsche Angaben zu seiner Person gemacht und in eidesstattlichen Erklärungen seine Mitgliedschaft und seine Funktionen in der NSDAP verheimlicht. Stattdessen habe er sich in mehreren Interviews eine jüdische Mutter angedichtet und gar eine Widerstandstätigkeit angedeutet. Diese Vorwürfe erwiesen sich als wahr. Bei einer Überprüfung des UFJ stellte sich außerdem heraus, dass weitere Mitarbeiter durch ihre NS-Vergangenheit belastet waren, einer sogar auf der Kriegsverbrecherliste stand und ein anderer wegen Missbrauchs Minderjähriger vorbestraft war. Von dieser Affäre erholte sich der UFJ nicht mehr. Er wurde 1969 aufgelöst, seine Aufgaben übernahm das Gesamtdeutsche Institut.

DIE OSTBÜROS WEST-BERLINER PARTEIEN UND DES DEUTSCHEN GEWERKSCHAFTSBUNDES

Westdeutsche Parteien und Spionage gegen die DDR, passt das zusammen? Man kann nicht gerade von Spionage sprechen, wenn man sich die Rolle der bundesdeutschen Parteien im Ost-/ West-Verhältnis ansieht. Aber sie spielten in den 1950er-Jahren eine gewisse Rolle im deutschen Geheimdienstkrieg.

Nach dem Zweiten Weltkrieg wollten die westdeutschen Parteien den Kontakt zu ihren Mitgliedern in der sowjetisch besetzten Zone, später in der DDR, nicht abbrechen lassen. Nach der zwangsweisen Zusammenführung von KPD und SPD zur SED und der Gleichschaltung der anderen Parteien bestand bei den westlichen Parteiverbänden das Bedürfnis, einerseits den Kontakt zu ihren Parteifreunden jenseits der Grenze nicht zu verlieren, andererseits geflohenen Parteimitgliedern die Integration in das Leben in Westdeutschland zu erleichtern. Die Ostbüros sammelten Informationen über die politische Situation in der DDR und verteilten Propagandamaterial gegen das DDR-Regime. Da dies offiziell nicht möglich war, bauten die Parteien verdeckte Kurier- und V-Leute-Systeme auf.

Als Erstes nahm das Ostbüro der SPD im April 1946 in Hannover seine Arbeit auf, 1948 folgte dann die Eröffnung eines Büros in West-Berlin. Wegen seiner exponierten Lage inmitten der DDR gewann das Berliner Büro schnell an Bedeutung. Ebenso schnell stand aber auch das MfS auf dem Plan, das eine weitere westliche Spionageorganisation witterte. Befeuert wurde diese Meinung durch den Aufstand am 17. Juni 1953, als die DDR-Führung vermutete, die Unruhen seien auf sozialdemokratische Aktivitäten zurückzuführen gewesen. So ganz von der Hand zu weisen war dieser Vorwurf nicht; zwar hatte die SPD nicht beim Aufstand selbst die Finger im Spiel, aber sie hatte im Vorfeld durch Propaganda gegen die Normerhöhungen, die der Grund für die Unruhen gewesen waren, den Unwillen unter den Arbeitern in der DDR angeheizt. Kein Wunder also, dass das MfS das Ostbüro der SPD unschädlich machen wollte.

Die DDR-Organe verhafteten mehrere Kuriere, die in der DDR Verbindung zu Parteigenossen aufnehmen wollten. Bis 1950 waren es rund 1000 Kontaktleute der SPD, die zu hohen Zuchthausstrafen

Jakob Kaiser, nach dem später das West-Berliner Ostbüro der CDU benannt war, auf dem CDU-Parteitag der CDU Berlins und der Ostzone im September 1947

oder sogar zum Tode verurteilt wurden. Am 8. Februar 1949 entführten MfS-Angehörige den Mitarbeiter des Ostbüros Heinz Kühne aus West-Berlin und zwangen ihn zu Aussagen über die Netze der SPD im Osten. Wieder folgten Verhaftungen. Unter dem Vorwand, Agenten des Ostbüros oder „Schumacher-Agenten" zu sein, nutzte die SED die Gelegenheit, oppositionelle, ehemalige SPD-Mitglieder in der DDR zu inhaftieren.

Das Ostbüro der SPD arbeitete mit dem britischen Geheimdienst SIS zusammen. Vermutlich gab es keine systematische Kooperation, aber es flossen doch einige für die Briten interessante Informationen dorthin. Die DDR griff diese Zusammenarbeit propagandistisch auf und verbreitete die Behauptung, das Ostbüro der SPD sei eine Agentenzentrale des Westens.

Nachdem die Risiken der illegalen Tätigkeit in der DDR wuchsen, beschränkte sich das Ostbüro auf die Verteilung von Flugblättern. Mit dem Beginn des Entspannungsprozesses nahm seine Bedeutung immer mehr ab, 1967 wurde es in ein Referat für gesamtdeutsche Fragen beim Parteivorstand der SPD umorganisiert.

Das 1947 in West-Berlin eingerichtete Ostbüro der CDU, das unter dem Namen „Büro Kaiser" firmierte, nahm für sich in Anspruch, die Partei in ganz Berlin zu repräsentieren. Es war die zentrale Anlaufstelle sowohl für geflohene CDU-Mitglieder als auch für Besucher und Informanten aus der DDR. Bei Integrationsproblemen von Flüchtlingen in die CDU ihres westdeutschen Wohnortes übernahmen Vertreter des Ostbüros eine Vermittlerrolle. Im Rahmen des Bundesnotaufnahmeverfahrens überprüfte das Büro die ankommenden Flüchtlinge und gab für bundesdeutsche Behörden Beurteilungen über ihren Status als „echte" Flüchtlinge ab. Sowohl aus den gewonnenen Erkenntnissen bei Befragungen als auch aus der Auswertung von DDR-Presseorganen und aufgrund vieler Informationen von Zuträgern entstanden umfangreiche Karteien. Eine weitere wichtige Aufgabe des CDU-Ostbüros war die Verbreitung von Propagandamaterial in der DDR. Die Flugschriften wurden oftmals an Luftballons befestigt, die über die Grenzen flogen. Allein 1961 gelangten so in 18 Ballonaktionen 7,5 Millionen Flugblätter und Zeitschriften in den Osten.

Die DDR-Organe hatten auch das Ostbüro der CDU von Anfang an im Visier. In einem Schauprozess wurden 1952/1953 in

Erfurt mehrere oppositionelle CDU-Angehörige mit der Begründung verurteilt, sie hätten „Westbüros“ der CDU in der DDR aufgebaut.

Ähnlich war die Situation des Ostbüros der FDP. Auch von dort aus wurde Propaganda gegen die DDR betrieben. Und auch die FDP startete etliche Flugblattaktionen. Im ersten Halbjahr 1953 gelangten ungefähr 500 000 Flugblätter und 12 000 Zeitschriften an Ballons, aber auch auf anderen Wegen in die DDR. Anders als SPD und CDU schuf die FDP eine organisatorische geheimdienstliche Struktur, die nach dem Tarnnamen „Selle“ ihres Leiters Joachim Porzig „Büro Selle“ genannt wurde. Diese Stelle arbeitete getrennt von dem eigentlichen Ostbüro, führte Aufträge amerikanischer Geheimdienste aus und wurde von den Amerikanern finanziert.

Mit Ballons wie diesem wurden massenweise Flugblätter mit Propaganda gegen die DDR vom Westen in den Osten geschickt.

Die Aktionen des MfS gegen das Ostbüro der FDP waren recht erfolgreich. 1953 gelang es, den Abteilungsvorstand der LDPD Dresden als Flüchtling nach West-Berlin zu schleusen, wo er eine Stelle im Ostbüro annahm und für die DDR spionierte. Der Ostbüromitarbeiter Hans Füldner wurde in die DDR entführt, danach suggerierte das MfS, er sei übergelaufen. 1955 konnten bei einem Einbruch in die Bonner Zentrale der FDP politisch brisante Unterlagen, unter anderem Personalakten, entwendet werden, die das MfS für Diffamierungskampagnen nutzte. Die Agitation des MfS zeigte Wirkung, denn bei der FDP entstand erhebliche Unsicherheit.

Auch das Ostbüro des Deutschen Gewerkschaftsbundes (DGB) stand im Fokus des MfS. Die Verstaatlichung der Betriebe in der DDR und die Enteignung der Bauern sorgte für erhebliche Unruhe im Land, die der DGB ausnutzte, um oppositionelle Gewerkschaftler in der DDR durch Beratung und Propaganda zu unterstützen. So initiierte der Gewerkschaftsbund zum Beispiel die sogenannte „Schneckenmethode“. Unter diesem Motto stand eine Aktion, bei der an Wände gepinselte Schnecken dazu auffordern sollten, möglichst langsam zu arbeiten.

RIAS

Die angebliche Agentenzentrale der Amerikaner

Wer kannte nicht den RIAS Berlin? Der Sender, der mit vollem Namen Rundfunk im amerikanischen Sektor hieß, war jedem Kind in Ost und West bekannt. Und er war beliebt wegen seines Programms, das alle ansprach. Sein Motto war „eine freie Stimme der freien Welt“. Unter diesem Schlagwort verstand er es, politische Berichterstattung mit Unterhaltung zu verknüpfen und so Hörer in Ost und West an sich zu binden. Legendär waren Sendungen wie *Der Insulaner*, *Es geschah in Berlin*, *Onkel Tobias vom RIAS*, *Wer fragt, gewinnt* oder *Schlager der Woche*. Für die West-Berliner stand die Unterhaltung im Vordergrund, für die DDR-Bewohner die Information über die Verhältnisse in ihrer Heimat. Der Sender wollte, wie Klaus Bölling einmal sagte, der platten Propaganda der kommunistischen Medien in Ost-Berlin eine wahrheitsgemäße, dokumentarische Journalistik entgegensetzen. Dabei profitierte er von der Flüchtlingswelle aus der DDR. Im Notaufnahmelager Marienfelde berichteten wöchentlich Tausende über Zwangsmaßnahmen, Verhaftungen oder Wirtschaftsprobleme in der DDR, die der Sender aufgriff. Zudem besuchten Einwohner aus der DDR – solange dies noch möglich war – bei Besuchen in West-Berlin den RIAS und lieferten Stimmungsberichte aus dem Ostalltag.

Der Sender entstand unmittelbar nach dem Zweiten Weltkrieg im zerstörten Berlin mit Sitz im amerikanisch besetzten Bezirk Schöneberg. Nachdem sich die Sowjetische Militäradministration geweigert hatte, den westlichen Siegermächten Sendezeit im Ost-Berliner Rundfunk einzuräumen, ordnete das U. S. Headquarter am 17. Dezember 1945 an, zunächst einen Drahtfunk einzurichten. Ab 5. September 1946 sendete der RIAS dann auf Mittelwelle. Er unterstand der direkten Aufsicht der Information Services Control Section der Amerikaner, einer Propaganda- und Zensurdienststelle. Einer der Kontrolloffiziere war Harry Frommermann, Mitbegründer der Comedian Harmonists.

Egon Bahr, der für den RIAS gearbeitet hatte, gab zu, der Sender habe seine Zuträger in der DDR gehabt.

Die Informationen, die dem RIAS zugetragen wurden, weckten natürlich das Interesse westalliierter Geheimdienste. Egon Bahr, der für den RIAS gearbeitet hatte, gab einmal zu, der Sender habe seine Zuträger in der DDR gehabt und Informationen an das CIC weitergeleitet. Er habe jedoch nicht gezielt durch V-Leute Informationen aus der DDR beschafft. Der RIAS betrieb auch eine besondere Art der Spionageabwehr: In den frühen Jahren strahlte er Warnmeldungen aus, in denen MfS-Spitzel in der DDR mit vollem Namen genannt wurden. Diesen Meldungen gingen Käuzchenrufe voraus, die die Aufmerksamkeit der Hörer wecken sollten.

Der RIAS stand sehr schnell im Zielfeuer der Agitation vonseiten der DDR. Dort wurde er als Agentenzentrale bezeichnet, die „unter seiner Tarnung als deutschsprachiger Sender von amerikanischen aggressiven Kreisen inmitten Deutschlands von Anfang an zu dem Zwecke geschaffen worden (sei), alle Elemente in Deutschland, die infolge der jahrzehntelangen Herrschaft der aggressiven deutschen Monopolisten und Militaristen moralisch verkommen zu erbitterten Feinden der Demokratie und des Friedens geworden sind, zu mobilisieren, die verbrecherischen Instinkte dieser Elemente zu erhalten und sie gegen die friedliebenden demokratischen Kräfte einzusetzen." So skizzierte die Generalstaatsanwaltschaft der DDR einmal den Sender.

Die Rolle des RIAS beim Aufstand am 17. Juni 1953 war mit ausschlaggebend dafür, dass man von östlicher Seite anschließend massiv gegen ihn vorging. Schon Wochen vor dem Aufstand berichtete der RIAS ausführlich über Probleme in den Betrieben. Die Informationen für seine Sendungen erhielt er zum großen Teil vom Ostbüro des DGB. Thema Nummer eins war die Normfrage, an der sich dann der Aufstand entzündete. Zum 30. Juni hatte das ZK der SED eine Erhöhung der Arbeitsnormen um zehn Prozent angekündigt, was zu Protesten unter den Arbeitern führte. Am 15. Juni informierte der Sender über Arbeitsniederlegungen auf

Joachim Wiebach, dem Agententätigkeit im Auftrag des RIAS vorgeworfen wurde, beim Prozess vor dem Obersten Gericht der DDR. Juni 1955

Baustellen in Ost-Berlin. Andere westliche Medien scheuten sich, diese Meldung zu verbreiten, da man diese Informationen für unglaubwürdig hielt. Einen Tag später erschien eine Delegation Ost-Berliner Bauarbeiter im Funkhaus des RIAS und bat um die Verlesung eines Aufrufs zum Generalstreik. Das ging den Redakteuren dann aber doch zu weit, und sie lehnten ab, denn sie wollten kein Öl ins Feuer gießen. Noch am selben Tag rief der amerikanische Hochkommissar James B. Conant den stellvertretenden Direktor des RIAS, Gordon A. Ewing, an und verbot die Verbreitung von Streikaufrufen. Am 17. Juni berichtete der Sender den ganzen Tag über ausführlich über die Ereignisse und ermöglichte es den Streikenden so, sich über den Verlauf der Protestaktionen zu informieren.

Nach dem 17. Juni startete das MfS die Aktion „Enten", um den RIAS unschädlich zu machen. Das Geheimdienstministerium plante diese Maßnahme generalstabsmäßig. Im Februar 1955 unterzeichnete Erich Mielke einen Operativplan, in dem es hieß: „Die Aktion ‚Enten' stellt sich das Ziel, nicht nur die Agenturen des RIAS zu zerschlagen und sie ihrer gerechten Bestrafung zuzuführen, sondern durch richtige politisch-operative Maßnahmen dem RIAS einen solchen Schlag zuzufügen, der es möglich macht, diesen amerikanischen Sender vor dem gesamten deutschen Volk und der Weltöffentlichkeit als Spionagezentrale des amerikanischen Geheimdienstes zu entlarven." Im Zuge der Aktion „Enten" wurden 49 sogenannte „RIAS-Agenten" in Ost-Berlin und der DDR festgenommen. Vermutlich führte ein von einem Stasi-Spitzel entwendetes Notizbuch mit Namen und Adressen zur Verhaftung der Verdächtigen. Die Festgenommenen hatten bei Besuchen in West-Berlin Kontakt zum RIAS aufgenommen und dem Sender dabei unterschiedlichste Informationen über die DDR gegeben, wie beispielsweise Stimmungsberichte aus dem DDR-Alltag, aber auch Berichte über die Remilitarisierung.

Das RIAS-Funkhaus in Schöneberg

Einer der Festgenommenen war Joachim Wiebach, der bei der Deutschen Werbe- und Anzeigengesellschaft, kurz DEWAG, arbeitete. In der Anklage wurde ihm vorgeworfen, seit April/Mai 1954 den Mitarbeitern des RIAS, Franz Siegel und Lisa Thum alias „Lisa Stein", interne Informationen aus seinem Betrieb geliefert zu haben. Diese Informationen soll er auch Mitarbeitern des BfV zugetragen haben. Im Februar 1955 soll er dann von Siegel zur

Militärspionage angeworben worden sein. Diese Behauptungen waren wohl zutreffend.

Ihm und vier weiteren Festgenommenen wurde der Prozess vor dem Obersten Gericht der DDR gemacht. Schon mehrere Tage vor Prozessbeginn stand das Urteil fest. In einer Hausmitteilung der Abteilung Staatliche Organe des Zentralkomitees der SED an Walter Ulbricht hieß es: „Die Beschuldigten sind Agenten des RIAS und haben durch die Lieferung von Spionageinformationen politischen, wirtschaftlichen und militärischen Charakters die Durchführung von Sabotage- und Diversionsakten unterstützt und zur Vorbereitung eines neuen Krieges beigetragen. (…) Folgende Strafen sind beabsichtigt: Wiebach – lebenslängliches Zuchthaus, Baier – 15 Jahre Zuchthaus, Krause – lebenslängliches Zuchthaus, Gast – 12 Jahre Zuchthaus, Vogt – 8 Jahre Zuchthaus." Ulbricht änderte den vorgeschlagenen Urteilsspruch gegen Wiebach handschriftlich in die Todesstrafe. In der Beweisaufnahme vor Gericht wurden 14 Zeugen gehört, die durchweg belastende Aussagen machen. Das Urteil folgte den Vorschlägen Ulbrichts, am 13. September 1955 wurde Wiebach hingerichtet. Die zu Zuchthausstrafen Verurteilten wurden 1960 begnadigt oder amnestiert, Günter Krause konnte 1964 von der Bundesregierung freigekauft werden.

Aber das MfS ging nicht nur durch Verurteilung von Spionageverdächtigen gegen den RIAS vor. Man fotografierte das Gebäude, zeichnete Grundrisse der einzelnen Etagen auf, verschaffte sich interne Schreiben und forschte das Privatleben von RIAS-Mitarbeitern aus. Natürlich schnitten MfS-Mitarbeiter Sendungen mit, wobei das besondere Interesse auf Beiträgen lag, die sich mit Dissidenten befassten. So soll zum Beispiel alles erfasst worden sein, was Wolf Biermann, Jürgen Fuchs oder Gerulf Pannach betraf. Das MfS sah den RIAS als unerwünschte Plattform für Intellektuelle und Künstler der DDR, die ihre kritische Haltung gegenüber dem System in Beiträgen des Senders äußern konnten. In einer Studie des MfS hieß es: „Es soll ein Keil zwischen die SED und Künstler getrieben werden, indem verleumderisch die Parteiführung beschuldigt wird, sie habe die vom Parteitag beschlossene Linie aufgegeben." Der RIAS-Journalist Hans-Georg Soldat erinnert sich, dass es dem MfS gelungen war, ein Live-Telefoninterview mit dem DDR-Lyriker Lutz Rathenow zu verhindern, indem die Leitung gestört wurde und beim RIAS lediglich das Besetztzeichen ertönte. Das permanente Tuten in der Leitung wurde live über den Sender ausgestrahlt.

Mit welch brutaler Konsequenz das MfS den RIAS bekämpfte, zeigt ein von Hans-Georg Soldat angeführtes Beispiel. Um eine Mitarbeiterin des RIAS in den Osten zu entführen, sollte sie mit Schokoladenpralinen, die mit Skopolamin, auch als K.-o.-Tropfen bekannt, präpariert waren, betäubt werden. Der Anschlag misslang allerdings, denn die RIAS-Mitarbeiterin aß die Pralinen nicht selbst, sondern fütterte ihren Hund damit, der daraufhin starb.

Weil man beim RIAS davon ausging, dass an seine offizielle Adresse gerichtete Schreiben von DDR-Bürgern durch die Postüberwachung des MfS abgefangen wurden, gab man häufig wechselnde Anschriften von Privatpersonen bekannt, an die Briefe geschickt werden konnten. Es dauerte stets einige Zeit, bis die Deckadressen in den zuständigen MfS-Dienststellen bekannt wurden, und so lange konnte in der Regel ungehindert Post versandt werden. Das MfS versuchte deshalb, ein System hinter der Verteilung der Deckadressen zu erkennen, und stellte fest, dass alle Anschriften dem Zustellbereich Berlin 62 zugeordnet waren und dass die Adressaten abwechselnd männlich und weiblich waren. Mit diesen und weiteren Erkenntnissen konnte das MfS dann die Briefe schneller aussondern und zurückhalten.

TUMMELPLATZ DER GEHEIMDIENSTE

Das Notaufnahmelager Marienfelde

Westliche Geheimdienste hatten einen großen Vorteil gegenüber der anderen Seite: Sie verfügten über mehrere Millionen Zuträger. Es waren Flüchtlinge aus der DDR, die in West-Berlin zunächst im Notaufnahmelager Marienfelde eintrafen und dort von westlichen Geheimdiensten zur Situation in der DDR befragt wurden. Im Lager durchliefen sie das förmliche Notaufnahmeverfahren, in dessen Verlauf die Formalitäten, wie zum Beispiel die Beschaffung West-Berliner Personalausweise, abgewickelt wurden. Ein Aufnahmeausschuss prüfte unter Verwendung von Informationen der KgU, des UFJ und der Ostbüros der Parteien die politische Vergangenheit der Flüchtlinge, galt es doch, eingeschleuste Agenten zu enttarnen. Sehr schnell waren aber auch die westalliierten Geheimdienste zur Stelle, um Informationen zu sammeln.

Der Flüchtlingsstrom nach West-Berlin stellte den Senat vor große Herausforderungen. Schon kurz vor der Eröffnung des Notaufnahmelagers im April 1953 sah sich die Regierung West-Berlins in großer Bedrängnis: „Flüchtlinge überfluten die Insel Berlin", hieß es Ende Februar in einer Denkschrift. Während sich ein Jahr zuvor, im April 1952, rund 5000 Ostdeutsche in West-Berlin meldeten, waren es im gleichen Monat des Jahres 1953 bereits 25 340. Bald schwoll der Flüchtlingsstrom derart an, dass am 20. September 1956 der einmillionste Flüchtling registriert wurde.

Die westlichen Geheimdienste nutzten es natürlich aus, dass die Informanten aus der DDR quasi vor ihrer Haustür standen. Wie intensiv sie vorgingen, zeigt das Beispiel einer Frau, die im Jahre 1955 innerhalb von fünf Wochen 22-mal von amerikanischen, britischen und französischen Stellen befragt wurde.

Die Geheimdienste interessierten sich nicht nur für die politischen und sozialen Verhältnisse in der DDR, aufgeklärt wurden auch die Bereiche Wirtschaft und Technik, und natürlich standen Militär und Polizei im Fokus der Geheimdienstler. Besonderes

Interesse zeigten sie am Uranabbau in Wismut. Aus dem Umfang der Förderung schlossen sie auf die quantitativen Möglichkeiten der Sowjets, Atomwaffen herzustellen.

Da die Organisation Gehlen bei den Befragungen durch die Westalliierten wegen deren Hoheitsbefugnissen in West-Berlin nicht zugelassen war, verschafften sich die verärgerten Pullacher Nachrichtendienstler auf andere Weise Zugang zu den Flüchtlingen. Sie besorgten sich die Adressen derjenigen, die das Notaufnahmeverfahren durchlaufen und das Lager verlassen hatten, und befragten diese Menschen außerhalb der Einrichtung. Dabei sammelten sie nicht nur Informationen, sondern warben die Flüchtlinge auch für eine Zusammenarbeit. Ein anderer Weg der Informationsbeschaffung führte zur KgU, die mit Agenten Gehlens infiltriert war. Hier gelangten die Nachrichtendienstler an Informationen über diejenigen Flüchtlinge, bei deren Notaufnahmeverfahren die KgU mitgewirkt hat. Schließlich konnte der Pullacher Nachrichtendienst das BfV, das ebenfalls Flüchtlinge

befragte, dazu bewegen, ihm einige Berichte zu überlassen. Den Alliierten, die auf ihrem alleinigen Zugriffsrecht auf die Flüchtlinge bestanden, missfiel diese Vorgehensweise, weshalb sie die Aktivitäten des bundesdeutschen Nachrichtendienstes untersagten. Trotzdem gelang es den Mitarbeitern Gehlens hin und wieder, unter falscher Flagge mit gefälschten Ausweispapieren Flüchtlinge zu befragen. Dies wiederum rief die West-Berliner Polizei auf den Plan, die die Nachrichtendienstler kurzerhand verhaftete. Im Jahre 1958 gelang es dem 1956 durch die Übernahme der Organisation Gehlen geschaffenen BND doch noch, in Marienfelde Fuß zu fassen. Eine Gruppe von 25 Mitarbeitern unter der Leitung von Ferdinand von Paczensky fragte von nun an Flüchtlinge aus.

Dem Berliner Senat war das Befragungswesen von Anfang an nicht geheuer, denn zum einen arbeiteten mehrere alliierte Geheimdienste, der Verfassungsschutz, die Polizei und andere Dienststellen des Landes Berlin nebeneinander her, zum anderen ging es bei den Befragungen durch die Alliierten nicht immer mit rechtsstaatlichen Prinzipien zu, weil Flüchtlinge teilweise unter Druck gesetzt wurden. Einige von ihnen schickten die alliierten Geheimdienstler sogar in die DDR zurück, um dort als V-Leute zu arbeiten, eine Praxis, die deutsche Behörden und Politiker nicht billigten.

Flüchtlingsansturm auf das Notaufnahmelager Marienfelde am 14. August 1961

Da das Aufnahmelager Marienfelde aus Sicht des MfS eine Gefahr für die innere Sicherheit darstellte, schleuste der Geheimdienst mehrere Inoffizielle Mitarbeiter dort ein, um die Einrichtung auszuspionieren. Mielkes Geheimdienstoffizieren war es vor allem an Informationen über die Fluchtwege und Fluchtmodalitäten gelegen, um aufgrund der gewonnenen Informationen die Grenze besser abschotten zu können. Jede bekannt gewordene Flucht wurde dokumentiert und ausgewertet, die Spitzel in Marienfelde fertigten Phantombilder derer an, die sie im Lager gesehen hatten. Anhand der Bilder wollten die MfS-Geheimdienstler die Identität der Republikflüchtlinge aufdecken, um sie im Falle einer Rückkehr verurteilen zu können.

Einer der Inoffiziellen Mitarbeiter war der Leiter der Annahmestelle in Marienfelde, Bertold Rohde alias „Reuter“ bzw. „Tony“. Rohde, der 1949 in den Dienst der West-Berliner Polizei eintrat, wurde 1956 vom MfS geworben, übergab seinen Auftraggebern im Laufe der Jahre ungefähr 800 Unterlagen über die von ihm registrierten Flüchtlinge und beschrieb die Arbeitsweise der alliierten Dienste im Lager. Für seine Dienste erhielt Rohde 400 DM monatlich. 1962 geriet der MfS-Spion ins Visier des West-Berliner Staatsschutzes. Er wurde verhaftet und verhört, eine Spionagetätigkeit ließ sich jedoch nicht nachweisen. Aus Sicherheitsgründen versetzte ihn sein Dienstherr aber ins Kraftverkehrsamt, wo er für das MfS ohne Interesse war.

Ein anderer für das MfS wichtiger Inoffizieller Mitarbeiter im Aufnahmelager Marienfelde war Götz Schlicht alias „Dr. Lutter". Der 1908 geborene Mann, der in Berlin Rechtswissenschaft studiert hatte, arbeitete ab 1946 als Richter in Brandenburg, wo er seinen Kollegen Walther Rosenthal kennenlernte. Rosenthal flüchtete 1950 nach West-Berlin und arbeitete fortan für den UFJ. Über ihn kam Schlicht mit dieser Organisation in Kontakt, verteilte Flugblätter des UFJ in der DDR und übermittelte Informationen nach West-Berlin. Nachdem die Sicherheitsbehörden der DDR seine Aktivitäten im Jahre 1952 entdeckt hatten, wurde Schlicht verhaftet und zu zehn Jahren Zuchthaus verurteilt. Fünf Jahre verbrachte er in Einzelhaft, dann stellte ihn das MfS vor die Wahl, sich entweder als Inoffizieller Mitarbeiter zu verpflichten oder seine Haft bis zum letzten Tag zu verbüßen. Schlicht wählte das kleinere Übel, wechselte im Auftrag des MfS nach West-Berlin und nahm eine Stelle beim UFJ an. Dort spionierte er Ostdeutsche aus, die sich Hilfe suchend an die Organisation wandten. Aufgrund seiner Berichte sollen mindestens zehn DDR-Bürger, andere Quellen sprechen von 20 Personen, festgenommen worden sein.

Bald darauf arbeitete er nebenbei im Notaufnahmelager Marienfelde, wo er Flüchtlinge befragte. Von dort lieferte er eine Fülle an Informationen über Fluchtgründe und Fluchtwege. Zum Beispiel heißt es in einer seiner Meldungen: „Die Besucherin berichtete: Ihr Schwiegersohn ... geb. am: 15. 8. 1922 von Beruf Landwirt, zur Zeit Neulehrer in Radeland/b. Baruth, Vater von 2 ehelichen Kindern bereite seit einiger Zeit die Flucht vor. Er will in der Zeit vom 16.–30. 11. flüchten."

Über die Motive ihres Spions machten sich die MfS-Auftraggeber wenig Illusionen: „Der IMB (Anm.: Inoffizieller Mitarbeiter mit Feindberührung) arbeitet auf der Grundlage politischer Überzeugung", heißt es in einem MfS-Vermerk, „wobei gleichzeitig die materielle Interessiertheit eine Motiv bildende Säule darstellt".

Für seine Verdienste wurde Götz Schlicht mit Orden beider deutscher Staaten ausgezeichnet, u. a. mit dem Bundesverdienstkreuz am Bande (l.) und dem Kampforden für Verdienste um Volk und Vaterland (r.)

Tatsächlich hatte Schlicht während seiner 27-jährigen Spitzeltätigkeit einen Betrag von 142 993,29 Mark der DDR auf diversen Ostkonten angesammelt, daneben erhielt er monatlich 800 DM.

Das Makabre an der Geschichte ist, dass Schlicht für seine Verdienste mit Orden beider deutscher Staaten ausgezeichnet wurde. 1985 erhielt er das Verdienstkreuz des Bundesverdienstordens am Bande, 1991 das Verdienstkreuz Erster Klasse für seine Verdienste bei der Flüchtlingshilfe, die DDR verlieh ihm die Verdienstmedaille der DDR und den Kampforden für Verdienste um Volk und Vaterland.

Als seine Spitzeltätigkeit 1993 aufflog, zeigte sich Schlicht unbeeindruckt. Auf die Frage, ob er bei seiner Agententätigkeit keine Skrupel gehabt habe, antwortete er: „So etwas hat man nicht, wenn man für einen Geheimdienst arbeitet." Ein Ermittlungsverfahren gegen ihn wurde wegen seines hohen Alters eingestellt.

DER FEIND IN UNIFORM

Die Ausspähung der West-Berliner Polizei durch das MfS

Welche Bedeutung die West-Berliner Polizei für das MfS hatte, zeigt der Umstand, dass dort über viele Jahre eine eigene Dienststelle zur geheimdienstlichen Bearbeitung der Westpolizei existierte. Von 1954 bis 1972 war es das Referat 2 in der Bezirksverwaltung Berlin, das nach dem ersten West-Berliner Polizeipräsidenten Johannes Stumm auch „Stumm-Referat" genannt wurde. Später übernahm die Hauptabteilung I in der MfS-Zentrale dessen Aufgaben.

In welchem Umfang das MfS die Polizei im Westteil Berlins ausgespäht hat, lässt sich bis heute nicht genau sagen, da der Aktenbestand bei der Stasi-Unterlagenbehörde unvollständig ist. Trotzdem lassen sich einige interessante Erkenntnisse aus den Unterlagen gewinnen, die die Mitarbeiter des Forschungsverbunds SED-Staat der Freien Universität Berlin im Auftrag des Polizeipräsidenten in Berlin zusammengetragen haben.

Die systematische Spionage gegen die Polizei im Westteil Berlins begann bald nach dem Krieg. Der erste zuständige Bearbeiter im MfS ab 1950 war Emil Götz. Er hatte zunächst zwei bis drei Mitarbeiter, die ungefähr zehn Informanten in der West-Berliner Polizei führten, 1954 waren es schon 25 V-Leute. Das MfS interessierte sich für alles, was die Spione heranschaffen konnten: Namen, Dienstränge, Aufgaben, private Adressen von Mitarbeitern, Räumlichkeiten und Einrichtung der Dienststellen, technische Ausrüstung, Waffen, Fuhrpark und vieles mehr. Mit der üblichen Sammelwut notierten Mielkes Männer selbst marginale Charakteristika von Polizeiangehörigen, wie „Eigenbrötler", „politische Null" oder „Meckerfritze". Auch dass der Hosenschlitz eines Beamten offen stand, weckte die Aufmerksamkeit des MfS. Polizeidienststellen wurden fotografiert, und Inoffizielle Mitarbeiter zeichneten Skizzen von Diensträumen. Wachpolizisten, die zum Schutz des Regierenden Bürgermeisters und des Innensenators eingesetzt waren, berichteten über die Lebensgewohnheiten ihrer Schützlinge. Die Informationen hatten den Zweck, bei einem

Einmarsch der Armeen des Warschauer Paktes in West-Berlin die Polizei dort schnell unter Kontrolle zu bringen.

In den 1960er-Jahren hatte das MfS von den etwa 19 500 Polizeiangehörigen ungefähr 7200, also knapp 37 Prozent, namentlich erfasst, Ende der 1980er-Jahre waren etwa 80 Prozent der ungefähr 20 500 Polizeimitarbeiter registriert. Während in den ersten beiden Jahrzehnten nach dem Zweiten Weltkrieg insgesamt ungefähr 200 Informanten in der West-Berliner Polizei oder deren Umfeld unterwegs waren, stellten die Forscher der Freien Universität danach eine rückläufige Tendenz fest, denn je mehr die technische Aufklärung voranschritt, desto weniger benötigten die MfS-Geheimdienstler Einzelinformationen menschlicher Quellen. Nicht mehr die Masse, sondern die Qualität der Erkenntnisse stand nun im Vordergrund. Ab 1972 konnten nur noch elf Inoffizielle Mitarbeiter identifiziert werden, allerdings gab es im Umfeld von Polizisten bis zum Ende der DDR eine ganze Reihe von Zuträgern des MfS.

Johannes Stumm war von 1948 bis 1962 Polizeipräsident von West-Berlin.

Trotz dieser Entwicklung stellte der Geheimschutzbeauftragte der West-Berliner Polizei noch in der zweiten Hälfte der 1980er-Jahre eine Vielzahl von Werbeversuchen des MfS fest. Jährlich wurden ihm ungefähr 15 bis 20 Ansprachen von Polizisten gemeldet. Damit war die West-Berliner Polizei diejenige bundesdeutsche Polizeibehörde, die die höchste Zahl an Werbeversuchen zu verzeichnen hatte. Wie hoch die Dunkelziffer war, ließ sich damals nicht annähernd sagen.

Die Anbahnungsversuche des MfS, die in den 1980er-Jahren registriert wurden, waren meist recht plump. Oft wurden Polizeiangehörige bei Verwandtenbesuchen ganz offen angesprochen, teilweise wurden Gesetzesübertretungen zum Anlass genommen, Westpolizisten unter Druck zu setzen. Manchmal ging man aber auch subtiler vor: So fand ein hoch verschuldeter Polizist eines Tages einen Briefumschlag mit 500 DM in seinem Briefkasten. Beigelegt war ein Zettel mit dem Vermerk: „Wir wissen, dass

Sie Probleme haben. Wir können Ihnen helfen. Melden Sie sich bei uns." Es folgte eine Telefonnummer. Der Polizist widerstand dem Angebot und meldete den Vorfall.

Einige Polizeimitarbeiter hatten Freundinnen in Ost-Berlin oder in der DDR. Die Rolle als Liebhaber gefiel so manchem, denn die Männer konnten sich gegenüber den Frauen als wohlhabende Gönner aufspielen, die Frauen wiederum genossen den Hauch westlichen Lebens. Auch solche Liebesbeziehungen konnten einen Ansatz für Werbeversuche des MfS sein, weshalb sie dem Geheimschutzbeauftragten gemeldet werden mussten. Dieser führte dann mit den Liebhabern Aufklärungsgespräche und gab Verhaltensratschläge.

Ein Kriminalbeamter besuchte regelmäßig seine Freundin in Ost-Berlin. Stets meldete er seine beabsichtigten Fahrten über die Grenze, regelmäßig fragte der Geheimschutzbeauftragte hinterher nach besonderen Vorkommnissen und ebenso regelmäßig erklärte der Beamte, alles sei problemlos verlaufen. Nach Öffnung der MfS-Archive stellte sich heraus, dass der Beamte bei einem der Besuche seine Dienstwaffe mitgeführt hatte, die bei der Grenzkontrolle entdeckt worden war. Diese günstige Gelegenheit hatte sich das MfS nicht entgehen lassen und mit einer Bestrafung wegen unerlaubten Waffenbesitzes für den Fall gedroht, dass sich der Beamte nicht zu einer Mitarbeit bereiterklären würde. Glücklicherweise kam es kurz darauf zur Wende und zur Auflösung des DDR-Geheimdienstes.

Ein langjähriger Inoffizieller Mitarbeiter des MfS war der Kriminalbeamte Karl-Heinz Kurras alias „Otto Bohl". Bekannt geworden war Kurras allerdings nicht wegen seiner Spionagetätigkeit. Ins Licht der Öffentlichkeit geriet er vielmehr am 2. Juni 1967. Am Abend dieses Tages hatten sich Demonstranten vor der Deutschen Oper versammelt, um gegen den Schah von Persien zu protestieren, der anlässlich seines Staatsbesuches eine Aufführung in der Oper besuchen wollte. Vor dem Opernhaus kam es zu einem harten Polizeieinsatz mit Knüppeln, Wasserwerfern und Reizgas, bei dem der Student Benno Ohnesorg mit anderen Demonstranten in die Krumme Straße abgedrängt wurde. Polizisten in Zivilkleidung, darunter Karl-Heinz Kurras, verfolgten die Fliehenden. Ohnesorg sah, wie mehrere Zivilbeamte einen Mann in den Innenhof eines Gebäudes in der Krummen Straße zerrten.

Um zu beobachten, was dort mit ihm geschah, folgte er den Beamten. Was dann geschah, ist bis heute nicht geklärt. Jedenfalls fiel ein Schuss, und Ohnesorg brach getroffen zusammen. Der Schütze war Karl-Heinz Kurras. Ohnesorg verstarb kurz nach der Einlieferung ins Krankenhaus. Kurras behauptete später, er habe in Notwehr gehandelt, allerdings widersprachen Zeugen dieser Einlassung. Im anschließenden Prozess wurde Kurras aus Mangel an Beweisen freigesprochen.

Um den mysteriösen Tod Ohnesorgs kursierten schon bald verschiedene Verschwörungstheorien. Eine davon lautete, Kurras habe den Studenten im Auftrag des MfS ermordet. So ganz abwegig war die Vermutung nicht, denn Kurras arbeitete zu diesem Zeitpunkt schon seit vielen Jahren äußerst effektiv als Inoffizieller Mitarbeiter für den DDR-Geheimdienst und spionierte die West-Berliner Polizei aus. Bekannt war das im Jahre 1967 allerdings noch nicht. Bei späteren Nachforschungen in den Unterlagen des MfS ließ sich nicht feststellen, dass Kurras Ohnesorg tatsächlich im Auftrag des MfS erschossen hatte. Allerdings kamen dem DDR-Regime der Tod des Studenten und die darauffolgenden Unruhen in der Bundesrepublik sehr gelegen.

Die Karriere Kurras' als Inoffizieller Mitarbeiter des MfS begann im April 1955, als er eines Tages die Wache im Gebäude des Zentralkomitees der SED betrat und erklärte, in die DDR übersiedeln zu wollen. Dieses Anliegen war nachvollziehbar, da er nach eigenen Angaben überzeugter Kommunist war. Man brachte ihn mit einem Angehörigen des MfS zusammen, der aber nicht das geringste Interesse an einer Übersiedlung Kurras' hatte. Im Westen, so erklärte er Kurras, der seit 1950 bei der Polizei in West-Berlin arbeitete und 1955 beim Staatsschutz eingesetzt war, sei er für das MfS eine wertvolle Quelle und könne seiner Gesinnung besser gerecht werden, wenn er für den DDR-Geheimdienst spioniere. Kurras ging auf das Angebot ein und lieferte von da an seinen Auftraggebern umfangreiches Material über die West-Berliner Polizei. Im Laufe der Zeit kamen 152 Berichte zusammen.

Aber nicht nur seine Gesinnung, auch seine Geldnot war ausschlaggebend für Kurras' Agententätigkeit. Sein Hobby waren Waffen, weshalb er ständig Geld benötigte, um neue zu kaufen und Munition zu erwerben. Diese Anschaffungen waren

Kriminalobermeister Karl-Heinz Kurras, langjähriger Inoffizieller Mitarbeiter des MfS, vor Beginn des Prozesses um den Tod des Studenten Benno Ohnesorg, in dem er wegen fahrlässiger Tötung angeklagt war

allein mit seinem Gehalt nicht möglich, erst durch großzügige Prämienzahlungen seiner Auftraggeber konnte er seine Leidenschaft finanzieren.

Nach dem Tod Ohnesorgs brach die Verbindung zwischen Kurras und dem MfS ab, es gab lediglich noch ein paar Treffen zur sogenannten Nachsorge.

Ein anderes Feld, auf dem sich West und Ost bekriegten, war die Propaganda gegen die Polizei der jeweils anderen Seite. Von West-Berlin aus agitierte die Aktionsgruppe Bader gegen die Volkspolizei. Dabei handelte es sich um einen kleinen Kreis verdeckt arbeitender Journalisten um Werner Bader, der ab 1951 Ausgaben der volkspolizeiinternen Zeitschrift *Die Volkspolizei – Zeitschrift für das gesamte Polizeiwesen* fälschte, indem er zwischen Originalartikeln solche platzierte, in denen er indirekt zum Widerstand gegen das DDR-Regime und die Volkspolizei aufrief. In Originaltexte wurden Versatzstücke eingebaut, in denen Volkspolizisten aufgerufen wurden, ideologisch „verrückte Fanatiker" in den Dienststellen zu isolieren. In anderen Texten animierten Bader und seine Mitstreiter, bei politisch bedingten Sachbeschädigungen in Volkseigenen Betrieben möglichst niemanden zu belasten. Finanziert wurden er und seine Gruppe vom Bundesministerium für gesamtdeutsche Fragen und von der CIA, von der die Bader-Gruppe ab 1951 jährlich 12 000 DM zur Publizierung ihrer Agitationsschriften erhielt.

Neben der Bader-Gruppe operierte auch der Friedrich-Wilhelm-Heinz-Dienst (FWH-Dienst) gegen die Volkspolizei. Dabei handelte es sich um eine Art Konkurrenzunternehmen zur Organisation Gehlen. Friedrich Wilhelm Heinz, Intimfeind von Reinhard Gehlen, hatte den Auftrag des Bundeskanzleramts, einen rein deutschen Nachrichtendienst aufzubauen. Hintergrund war, dass sich Bundeskanzler Adenauer nicht allein auf Informationen der von alliierten Geheimdiensten gesteuerten Organisation Gehlen verlassen wollte. Schwerpunkte der Arbeit des FWH-Dienstes waren die Aufklärung der innenpolitischen Situation der Bundesrepublik, aber auch die Aufrüstung in der sowjetischen Besatzungszone. Ein weiteres Aufgabenfeld bestand in der Ausspähung amerikanischer Dienststellen in der Bundesrepublik. Da sich die Zuständigkeiten des FWH-Dienstes mit denen der Organisation Gehlen überschnitten, bestand ein permanenter

Konkurrenzkampf zwischen beiden Stellen. 1954 wurde der FWH-Dienst nach Unstimmigkeiten in der Biografie von Heinz in Archiv für Zeitgeschehen umbenannt und bestand unter dieser Bezeichnung weiter bis zum 31. März 1956, als er in die Bundeswehr und andere deutsche Nachrichtendienste integriert wurde.

Friedrich Wilhelm Heinz baute eine Art Konkurrenzunternehmen zur Organisation Gehlen auf.

Heinz entwickelte ein Konzept zur argumentativen Zersetzung der Volkspolizeiangehörigen mit dem Ziel, Volkspolizisten zum Überlaufen in die Bundesrepublik zu animieren. Durch Befragung der Überläufer wollte der Dienst die Strukturen der Volkspolizei aufklären und Persönlichkeitsprofile von Führungskräften erstellen. Abenteuerlich war die Idee, übergelaufene Volkspolizisten in speziellen Auffanglagern einer „Sonderbehandlung" zu unterziehen, damit sie weitere Polizeiangehörige zum Übertritt bewegten. Doch das Projekt versandete, weil sowohl Gehlen als auch das BfV die Ideen ablehnten.

1954 startete das MfS eine ähnliche Aktion wie die Bader-Gruppe, nur in umgekehrter Richtung: Es entstand das Blatt *Demokratische Polizei*, das von einer Gruppe in der Volkspolizei mit der Bezeichnung „Zer", wie Zersetzung, herausgegeben wurde. Verantwortlich war Franz Zimny, Inoffizieller Mitarbeiter des MfS. Zunächst erschien die Schrift in einer Auflage von 200 bis 300 Exemplaren, später wurde sie auf 2500 Exemplare erhöht und West-Berliner Polizisten per Post zugesandt; die Adressen hatte sich das MfS über Inoffizielle Mitarbeiter verschafft. Zunächst erschienen 17 Ausgaben im Jahr, ab 1957 war die Erscheinungsweise vierzehntägig. Der Herausgeber Zimny hatte jedoch das Pech, dass sein Sohn 1960 in den Westen floh und seinen Vater verriet. Nachdem daraufhin die *Bild-Zeitung* mit einem Foto von Zimny titelte: „Riesiges Agenten-Netz, 200 Spitzel in Berlins Polizei", brach das MfS im März 1961 die Verbindung zu Zimny ab.

In der *Demokratischen Polizei* wurde gegen das „korrupte System" der Bundesrepublik polemisiert, das aus „Verbrechern, Pseudoflüchtlingen und Agenten" bestehe. Oft ging es dabei um

Polizeiinterna, die Inoffizielle Mitarbeiter dem MfS zutrugen. Beliebt war die Verbreitung von „Kantinen-Klatsch“, zum Beispiel Dienstpflichtverletzungen, aber auch Sex and Crime oder NS-Biografien West-Berliner Polizisten waren Themen.

Die Resonanz in West-Berlin auf die *Demokratische Polizei* war unterschiedlich und wellenförmig. Mehrmals geriet der Polizeiliche Staatsschutz, der gegen das Blatt erfolglos wegen Spionageverdachts ermittelte, in die Kritik der West-Berliner Presse. Wenn in dem Blatt nichts Brisantes zu lesen war, beruhigte sich die Situation wieder. Eine latente Unruhe bestand aber permanent, weil die Berichte in der *Demokratischen Polizei* auf einen hohen Wissensstand des MfS hinwiesen.

In den 1960er-Jahren verlor das Blatt jedoch immer mehr an Bedeutung und wurde 1970 schließlich eingestellt. Der frühere Polizeipräsident Klaus Hübner meinte in einem Zeitzeugengespräch mit den Forschern der Freien Universität: „Solche Blättchen gab es viele, die hat man gar nicht mehr gelesen“, und der spätere Vizepräsident Dieter Schenk ergänzte, die Zeitschrift habe keinerlei Bedeutung gehabt. Noch deutlicher wurde Direktionsleiter Klaus Karau: „Für uns war das Mumpe.“ Es hat allerdings den Anschein, als wollten die Polizeiführer die Bedeutung der *Demokratischen Polizei* herunterspielen, um nicht eingestehen zu müssen, dass die Infiltration der West-Berliner Polizei durch das MfS eine nicht wegzudiskutierende Tatsache war, die man nicht in den Griff bekam.

Ein schwieriges Kapitel der Berliner Polizei wurde mit der deutschen Einheit aufgeschlagen. Eine Fülle von Problemen war zu bewältigen, um die West- und Ost-Berliner Polizeien zu einer gesamtstädtischen Behörde zusammenzuführen. Eine der Schwierigkeiten bestand darin, die Inoffiziellen Mitarbeiter des MfS in der Ost-Berliner Volkspolizei zu identifizieren. Natürlich gab es eine ganze Reihe von Volkspolizisten, die Kontakte zum MfS hatten. Bei einer nicht repräsentativen Umfrage der Direktion Verbrechensbekämpfung im Jahre 1990 gaben von rund 800 befragten Volkspolizisten 52 freiwillig an, Kontakte zum MfS gehabt zu haben.

Im Sommer 1990 versuchte die östliche Seite mehrmals, Fakten zu schaffen, um die Übernahme von MfS-Mitarbeitern in die Volkspolizei in der Hoffnung zu ermöglichen, dass ihre frühere

Karriere nicht entdeckt und sie nach der deutschen Einheit in die Gesamtberliner Polizei übernommen würden. So war die West-Berliner Polizeiführung alarmiert, als sie feststellte, dass ein Observationstrupp des MfS mit einer Stärke von 80 Mann im Sommer 1990 unauffällig der Volkspolizei zugeordnet worden war. Bei der Sichtung von Akten, die der Ost-Berliner Polizeipräsident Dirk Bachmann hinterlassen hatte, fand der Geheimschutzbeauftragte nach der deutschen Einheit eine Weisung zur Manipulation von Personalakten: „Nach der Einstellung ist umgehend die Personalakte zu er- bzw. zu überarbeiten. Im Rahmen der Überarbeitung können mit Einverständnis des Angehörigen unbedeutend gewordene Dokumente herausgenommen und vernichtet werden."

Klaus Hübner war von 1969 bis 1987 Polizeipräsident in West-Berlin.

Zur Überprüfung der Volkspolizeiangehörigen auf ihre Eignung für den Dienst in der gesamtstädtischen Polizei wurden Personalkommissionen gebildet, die nicht nur die persönliche und fachliche Eignung jedes Volkspolizisten, sondern auch mögliche MfS-Kontakte überprüften. Von den 9600 Mitarbeitern konnten 8544 übernommen werden; dagegen empfahlen die Kommissionen 1056 Kündigungen. Ungefähr 2000 ehemalige Volkspolizeiangehörige gingen in den Ruhestand oder kündigten selbst ihr Dienstverhältnis. Ob durch die Überprüfungen alle MfS-Spitzel entdeckt wurden, ist allerdings zu bezweifeln.

Die Verwalter der Geheimakten im Präsidium der Ost-Berliner Volkspolizei hatten wegen ihrer Funktion und ihrer Kontakte zum MfS keine Zukunft in der Gesamtberliner Polizei. Als der Geheimschutzbeauftragte ihnen diese Nachricht überbrachte, waren sie sichtlich bewegt. Zwei Frauen standen Tränen in den Augen, ein junger Mann meinte, er könne jetzt noch nicht nach Hause gehen, er müsse erst mal an die frische Luft. Der Leiter der Registratur, der unumwunden seine MfS-Kontakte zugegeben und bereits gekündigt hatte, zuckte resigniert mit den Schultern und meinte lakonisch: „Das ist nun mal so, wir sind die Verlierer."

DIE MAULWÜRFE VON CIA UND MI 6

Der Spionagetunnel in Rudow

Man glaubt es kaum, was sich Geheimdienste einfallen lassen, um an Informationen des Gegners zu gelangen. Eine der spektakulärsten Aktionen amerikanischer und britischer Geheimdienste im Nachkriegsberlin war die „Operation Gold". Unter dieser Bezeichnung planten und bauten die CIA und der britische MI 6 einen Tunnel von Rudow unter der Zonengrenze hindurch nach Alt-Glienicke, um dort Telefonkabel anzuzapfen, über die die sowjetischen Streitkräfte und Geheimdienste zwischen ihrem Hauptquartier in Karlshorst und den in Wünsdorf stationierten Truppen kommunizierten.

Zur Vorbereitung des Projekts warb der CIA-Agent Walter O'Brion im Jahre 1952 mehrere Mitarbeiter der Ost-Berliner Fernmeldeämter und des DDR-Ministeriums für Post- und Fernmeldewesen zur Spionage an. Ein Bediensteter des Ministeriums informierte darüber, wie die Sowjets das DDR-Fernmeldenetz nutzten, eine Ost-Berliner Postmitarbeiterin mit dem Decknamen „Nummernmädchen" meldete, wer welche Leitung benutzte, und der Chefdolmetscher des DDR-Ministeriums berichtete von Verhandlungen seines Ministeriums mit den Sowjets über die Nutzung des DDR-Fernmeldenetzes. Zur gleichen Zeit wurden Flüchtlinge, die in der DDR bei der Post beschäftigt gewesen waren, im Notaufnahmelager Marienfelde ausgehorcht. Schließlich beschaffte ein weiterer Mitarbeiter des Post- und Fernmeldeministeriums Kopien der exakten Lage der Leitungen.

Im Frühjahr 1953 gelang der CIA ein erster Coup: Eines Nachts schaltete ein CIA-Spion in der Ost-Berliner Telefonvermittlung für drei Stunden heimlich eine Leitung, über die die sowjetischen Armeeeinheiten und Geheimdienste kommunizierten, nach West-Berlin um, wo die CIA mithörte, um festzustellen, ob es sich überhaupt lohnte, die Kabel anzuzapfen. Die CIA-Auswerter waren begeistert über das, was sie hörten, und schätzten die Informationen als „einmaliges Material von hohem Interesse" ein. Nachdem weitere Tests ebenso positiv

CIA-Chef Allen Dulles genehmigte die „Operation Gold“.

verlaufen waren, entschlossen sich CIA und MI 6, den Tunnel zu graben.

Im Herbst 1953 hatte man so viele Informationen zusammengetragen, dass mit der konkreten Planung des Projekts begonnen werden konnte. Für die Durchführung hatten die westlichen Geheimdienste eine Aufgabenteilung vorgesehen: Die Amerikaner wollten den Tunnel anlegen, die Briten die Kabel anzapfen und die

Gespräche abhören. Am 22. Oktober 1953 reiste eine CIA-Delegation nach London, um mit den britischen Kollegen die Einzelheiten zu besprechen.

Ein *Stern*-Reporter inspiziert den Spionagetunnel. 24. April 1956

Nachdem CIA-Direktor Dulles am 20. Januar 1954 das Projekt freigegeben hatte, pachtete die CIA zunächst von dem Rudower Grundbesitzer Hermann Massante das Grundstück Schönbergweg 11. Dort wurden innerhalb kürzester Zeit mehrere Gebäude errichtet, in denen die Amerikaner eine Radarstation installierten. Eine Lagerhalle diente aber einem anderen Zweck, denn von dort aus sollte der Zugang zu dem Tunnel angelegt werden. Durch die Tarnung als Radarstation, die natürlich auch das Interesse östlicher Geheimdienste weckte, wollte man von dem Tunnelbau ablenken. Währenddessen probten amerikanische Pioniereinheiten auf einem Militärgelände in New Mexico den Bau des Tunnels. Das Gelände dort war deshalb besonders geeignet, weil die Bodenverhältnisse denen in Berlin ähnlich waren.

Am 2. September 1954 begann dann der eigentliche Tunnelbau. Die Pioniere gruben einen senkrechten Schacht nach unten und dann einen etwa 450 Meter langen horizontalen Tunnel unter der Zonengrenze hindurch nach Alt-Glienicke. Die Röhre trieb man in ungefähr fünf Metern Tiefe voran. Dabei waren einige Probleme mit Grundwasser zu bewältigen, das in die Röhre eindrang. Um dem Tunnel Stabilität zu verleihen, wurden die Wände mit Stahlsegmenten ausgekleidet, ein Belüftungssystem sorgte für Frischluft. Als Vorsichtsmaßnahme verlegten die Amerikaner in einem Teil des Tunnels Sprengstoff, der in dem Fall, dass die Anlage entdeckt würde, gezündet werden sollte. Den Aushub transportierten die Pioniere in geschlossenen Lkw ab, auf demselben Weg kamen die Stahlsegmente zur Baustelle. Auch die Tunnelbauer kamen in getarnten Fahrzeugen zum Einsatzort. Weil sich die Arbeiter beim Graben völlig eindreckten, sie aber nicht verschmutzt in ihre Unterkünfte zurückkehren durften, weil das zu Fragen geführt hätte, stellte man in dem Lagerhaus eine Waschmaschine und einen Trockner auf.

Im Januar 1955 waren die Arbeiten des Tunnelvortriebs abgeschlossen. Nun übernahmen britische Spezialisten die Aufgabe, sich an die Telefonkabel heranzuarbeiten und die Leitungen anzuzapfen. Das war eine diffizile Aufgabe, da die Kabel alt und brüchig waren. Vorsichtig gruben sich die Briten durch die

Tunneldecke nach oben, bis sie die Telefonkabel erreichten. Dies hatten sie zuvor in Großbritannien und auf dem Flughafen Gatow geprobt.

Im Mai 1955 war es schließlich so weit, dass die auf den angezapften Leitungen geführten Gespräche mitgehört werden konnten. Drei Kabel waren von der Aktion betroffen, in denen 184 Telefon- und 88 Telegrafenleitungen für Fernschreiben verliefen. In den nächsten elf Monaten schnitten die britischen Abhörspezialisten mehr als 400 000 Telefonate mit und zeichneten rund 30 000 Fernschreiben auf. Dabei fielen 50 000 Tonbandspulen an, mit deren Auswertung ungefähr 600 Personen in Großbritannien beschäftigt waren.

Die westlichen Geheimdienstler konnten einige interessante Erkenntnisse gewinnen. So identifizierten sie namentlich mehrere höhere Befehlshaber der Roten Armee, orteten Standorte von Militäreinheiten und erlangten Informationen über Ausbildungs- und Einsatzmodalitäten der Roten Armee. Auch die Lagerorte von Atomwaffen ließen sich ermitteln. Mit Interesse verfolgten die Auswerter, welche Kompetenzkonflikte es zwischen den verschiedenen sowjetischen Dienststellen gab.

Da die Kabel sehr marode waren, kam es öfters zu Ausfällen und anschließenden Reparaturarbeiten durch Techniker des Fernmeldeamts in Ost-Berlin und der sowjetischen Armee, bei denen das Erdreich aufgegraben werden musste. Stets bestand dabei die Gefahr, dass die Abhörstelle entdeckt werden könnte.

Amerikanern und Briten war von vornherein klar, dass der Tunnel über kurz oder lang entdeckt würde. Es dauerte auch nicht allzu lange, bis die „Operation Gold" ein jähes Ende nahm. Mitte April 1956 regnete es stark, die Kabelstränge von Karlshorst nach Wünsdorf litten unter dem Wasser und mussten repariert werden. Postmitarbeiter und sowjetische Pioniere gruben deshalb an mehreren Stellen den Boden auf. In der Nacht zum 22. April 1956 erschienen gegen 1:00 Uhr Bauarbeiter auf der östlichen Seite über der Zapfstelle und gruben alle 1,5 Meter Löcher in den Boden. Die westlichen Geheimdienstler beobachteten die Vorgänge mit angehaltenem Atem. Um 2:00 Uhr stießen die Arbeiter auf die Decke des Abhörraums. Vom unterirdischen Verstärkerraum aus konnten die westlichen Geheimdienstler mithören, wie die Arbeiter rätselten, was sie da wohl gefunden hätten. Um 4:15 Uhr war den

Entdeckern schließlich klar, um was es sich handelte. Nun wollten die CIA-Leute retten, was zu retten war, und bereiteten die Sprengung des Tunnels vor – die Sprengladungen waren ja gelegt. Doch der amerikanische Stadtkommandant verweigerte seine Zustimmung, da er durch die Explosion Menschenleben in Gefahr sah. Daraufhin installierten die Amerikaner auf West-Berliner Seite ein Maschinengewehr im Tunnel und errichteten außerdem ein Schild mit der Aufschrift: „Sie treten jetzt in den amerikanischen Sektor hinein“. Im Laufe des Vormittags erkundeten sowjetische Soldaten den Tunnel und stießen immer weiter in Richtung West-Berlin vor. Dabei waren sie völlig perplex angesichts dessen, was sie fanden. „Ich bin sprachlos!“, rief einer, „Ist ja fantastisch!“ ein anderer. Zu der Zeit funktionierte die Zapfstelle noch, sodass die westlichen Geheimdienstler mitverfolgen konnten, wie sich die sowjetischen Militärs und Geheimdienstler in Karlshorst und Wünsdorf über den Fund berieten. Um 15:00 Uhr hörten die Amerikaner Schritte im Tunnel, daraufhin entsicherten sie das Maschinengewehr und luden es hörbar durch. Die Schritte verstummten, dann entfernten sie sich schnell wieder. Um 15:50 Uhr kappten die Sowjets die Leitungen im Tunnel.

Was dann folgte, war ein publizistisches Feuerwerk der östlichen Seite. Am nächsten Tag wurden Pressevertreter nach Karlshorst eingeladen, ohne dass sie den Grund hierfür kannten. Von dort ging es in Bussen zum Tunnel, den man teilweise mit Neonröhren hell erleuchtet hatte. Die Journalisten waren verblüfft über das, was ihnen dort präsentiert wurde. Sie durften nicht nur die Abhöreinrichtung besichtigen, die Sowjets spickten sie auch mit Einzelheiten über die Spionageaktion, die die Reporter wissbegierig aufgriffen. Weltweit wurde in den nächsten Tagen über die Tunnelentdeckung berichtet. Mit den Pressereaktionen waren die Amerikaner und Briten durchaus zufrieden, denn die Berichte waren voll des Lobes über die pfiffige Aktion der westlichen Geheimdienste.

Wie konnte es aber sein, dass die Sowjets genau an der richtigen Stelle gruben? Wieso fand schon am Tag nach der Entdeckung eine gut organisierte Pressekonferenz statt, in der detaillierte Einzelheiten über die „Operation Gold“ präsentiert wurden? Warum wurde der Tunnel gerade am 22. April entdeckt? Die Antwort lautet: Die Sowjets wussten von Anfang an von der Spionageaktion, denn

George Blake, ein Mitarbeiter des britischen MI 6, hatte den Tunnel an sie verraten.

Blake, der unter dem Namen Georg Behar am 11. November 1922 in Rotterdam als Sohn eines niederländisch-ägyptischen Paares jüdischer Herkunft geboren wurde, war eine schillernde Figur. Nach dem Zweiten Weltkrieg rekrutierte ihn der MI 6 und übertrug ihm die Aufgabe, Agenten für den britischen Geheimdienst in Osteuropa zu werben. Später entsandte ihn sein Arbeitgeber nach Seoul, wo er ab 1950 in der britischen Botschaft arbeitete und den Koreakrieg miterlebte. Seinen späteren Aussagen zufolge brachten die unmittelbare Nähe des Kriegsgeschehens und die an der Zivilbevölkerung begangenen Grausamkeiten sein Weltbild ins Wanken und ließen ihn zu der Überzeugung gelangen, dass er sich auf der falschen Seite befand.

Als der Süden vom Militär Nordkoreas überrannt wurde, geriet Blake in nordkoreanische Gefangenschaft. Sein dreijähriger Freiheitsentzug ließ ihn, wie er sagte, zum überzeugten Kommunisten werden. Während seiner Gefangenschaft nahm der sowjetische Auslandsnachrichtendienst Kontakt zu ihm auf und warb ihn für eine Zusammenarbeit.

Nach seiner Rückkehr nach Großbritannien wurde Blake in der Abteilung Y des MI 6 eingesetzt, die für geheime technische Aufklärung zuständig war. Dort erfuhr er aus einer Besprechung mit amerikanischen Kollegen von der „Operation Gold“, die er seinem Führungsoffizier meldete. Der KGB stand nun vor der Frage, wie er auf den Bericht Blakes reagieren sollte. Würde man den Tunnel gleich auffliegen lassen oder würde man Desinformationen über die Leitungen senden, hätte die Gefahr einer

Enttarnung Blakes bestanden. Das wollten die KGB-Offiziere unbedingt vermeiden, da Blake eine Quelle von höchstem Wert war. Also ließ man die westlichen Geheimdienstler zunächst gewähren und nutzte die Telefonleitungen so wie immer.

George Blake, Mitarbeiter des britischen Geheimdienstes MI 6, verriet den Tunnel an die Sowjets.

Kaum aber hatte die „Operation Gold“ begonnen, starteten die Sowjets mit Gegenmaßnahmen. Auch sie hörten nun die Telefongespräche auf ihren eigenen Leitungen ab, um festzustellen, ob die Geheimhaltungsvorschriften eingehalten wurden. Zu ihrem Schrecken war das nicht der Fall, deshalb wurde ganz offiziell zur Wahrung der Konspiration ermahnt. Als Nächstes musste die genaue Lage des Tunnels geortet werden, denn man kannte bisher nur den ungefähren Sektor. Mithilfe technischer Mittel fanden sowjetische Experten die Abhöranlage bald. Nun musste ein Trupp zusammengestellt werden, der, wenn der geeignete Zeitpunkt herangekommen war, den Tunnel „entdeckte“. Der KGB erarbeitete einen Plan, wie die Freilegung ablaufen sollte. Dieser Plan wurde von Chruschtschow genehmigt, der auch den Termin für die Entdeckung bestimmte: den 22. April 1956. Dieser Tag war mit Bedacht gewählt, da sich der sowjetische Staatschef zu diesem Zeitpunkt in London aufhielt, um mit Vertretern der britischen Regierung über verschiedene politisch heikle Themen zu verhandeln. Chruschtschow erhoffte sich durch die Entdeckung des Tunnels eine Stärkung seiner Verhandlungsposition.

Blake konnte allerdings zu diesem Zeitpunkt keine Berichte mehr über den Tunnel liefern, da er 1955 nach Berlin versetzt worden war, wo er keinen Zugang mehr zu Informationen über die „Operation Gold“ hatte. Blakes Karriere als KGB-Spion endete 1959, als er von einem polnischen Überläufer enttarnt wurde. Ein britisches Gericht verurteilte ihn 1961 zu 42 Jahren Freiheitsentzug, die er im Londoner Gefängnis Wormwood Scrubs absaß. 1966 gelang ihm von dort auf spektakuläre Weise die Flucht. Sein ehemaliger Mithäftling Pat Pottle schmuggelte ein Sprechfunkgerät ins Gefängnis, über das sich Blake mit ihm nach draußen verständigen konnte. An einem verregneten Sonntag, an dem die meisten Gefangenen zusammen mit ihren Aufsehern an einer Filmvorführung teilnahmen, kletterte Blake unbemerkt aus einem Fenster und wartete, bis Pottle ihm von der Außenseite eine selbst gebastelte Strickleiter über die sieben Meter hohe Außenmauer warf, über die er in die Freiheit gelangte.

Nachdem er sich anschließend eine Zeit lang in Großbritannien versteckt gehalten hatte, floh er über Ost-Berlin in die Sowjetunion, wo er weiter für den KGB arbeitete. Blake starb am 26. Dezember 2020 im Alter von 98 Jahren. Der russische Präsident Putin würdigte ihn anlässlich seines Todes als brillanten Fachmann von besonderer Art: „In den Jahren seines schwierigen und intensiven Dienstes hat er einen wirklich unschätzbaren Beitrag zur Gewährleistung der strategischen Parität und zur Wahrung des Friedens auf dem Planeten geleistet."

Jahre später wurde der Rudower Tunnel freigelegt, ein Teil der Segmente befindet sich heute im AlliiertenMuseum.

Bei Straßenbauarbeiten für die Verlängerung der Stadtautobahn in Richtung Schönefeld im Sommer 2005 wurden Reste des Spionagetunnels freigelegt.

WESTLICHE SPIONE IN DEN FÜHRUNGSETAGEN DES DDR-REGIMES

Mythos oder Wahrheit?

Ein stellvertretender Ministerpräsident der DDR, der westlicher Spion war? Ein Freund des MfS-Ministers Ernst Wollweber, der Gehlen erzählte, was der Geheimdienstchef trieb? Eine Sekretärin des DDR-Ministerpräsidenten Otto Grotewohl, die für die Organisation Gehlen arbeitete? Was ist wahr an diesen Geschichten?

HERMANN KASTNER

Hermann Kastner, stellvertretender Ministerpräsident der DDR, soll Spion der Organisation Gehlen gewesen, so wird gesagt. Jahrelang habe er berichtet, was ihm im Ministerrat und anderen Gremien, in denen er Sitz und Stimme hatte, bekannt geworden war. Außerdem tauchten im Jahre 1953 Gerüchte auf, Kastner sei von den Sowjets als Regierungschef in einem wiedervereinigten Deutschland auserkoren worden. Tatsächlich hatte es in Moskau um dieses Jahr herum Überlegungen gegeben, Deutschland als neutralen Staat wiederzuvereinigen. Ob Kastner in den Überlegungen der Sowjets tatsächlich von Bedeutung war, ist dagegen nicht sicher.

Um Kastners Rolle zu verstehen, muss man wissen, wer der Mann war. Kastner wurde am 25. Oktober 1886 in Berlin geboren. Nach dem Besuch des Gymnasiums zum Grauen Kloster studierte er von 1904 bis 1908 Rechtswissenschaft und Volkswirtschaft an der Friedrich-Wilhelms-Universität in Berlin. Nach seinem Studium, der Promotion und dem Referendariat berief ihn die Fürst-Leopold-Akademie in Lippe-Detmold 1917 zum Professor für Staats-, Kommunal- und Verwaltungsrecht. 1918 trat er in die Deutsche Demokratische Partei (DDP) ein, die ihn zum Vorsitzenden Ostsachsens wählte. Während der Zeit des Nationalsozialismus arbeitete er als Rechtsanwalt in Dresden und unterhielt Verbindungen zur Widerstandsgruppe um Rainer Fetscher. Im Juni 1945 übernahm Kastner das Amt des Präsidenten der

Anwalts- und Notarkammer Sachsens und gehörte zu den Initiatoren des Gründungsaufrufs des Landesverbandes Sachsen der 1933 verbotenen Demokratischen Partei Deutschlands, die neu aufgebaut werden sollte. Später war er Mitglied der Liberal-Demokratischen Partei Deutschlands (LDPD) und wurde im Dezember 1946 zum sächsischen Justizminister ernannt. Dieses Amt bekleidete er bis zum März 1948, als er zur Deutschen Wirtschaftskommission (DWK) nach Berlin gerufen wurde. Am 11. Oktober 1949 trat Kastner als stellvertretender Ministerpräsident in die erste DDR-Regierung unter Otto Grotewohl ein.

Bald geriet er jedoch in Konflikt mit anderen Mitgliedern seiner Partei. Sein Eintreten für die von der SED propagierte Blockpolitik und seine Zustimmung zu den Enteignungen im Zuge der Bodenreform wurden von seinen Parteifreunden, die noch keineswegs gleichgeschaltet waren, kritisiert. Zudem wurden seine guten Kontakte zur sowjetischen Militärverwaltung, insbesondere zum späteren sowjetischen Botschafter in Berlin, Wladimir Semjonow, kritisch gesehen, und schließlich verübelte man ihm auch seinen extravaganten Lebensstil. Die Spannungen führten am 25. Mai 1950 zum Ausschluss aus der LDPD, der allerdings nicht lange währte, da er bereits ein Jahr später, wohl auf sowjetischen Druck hin, rehabilitiert und wieder in die Partei aufgenommen wurde. In den folgenden Jahren distanzierte sich Kastner innerlich zunehmend zur Politik der DDR-Regierung und wechselte 1956 schließlich in die Bundesrepublik.

Hermann Kastner am 7. Oktober 1949 bei der 9. Tagung des Deutschen Volksrates, auf der die Verfassung der Deutschen Demokratischen Republik in Kraft gesetzt wurde

Soweit die Fakten. Woher kamen nun aber die Behauptungen, Kastner sei ein Spion Gehlens gewesen? Wie konnte *Der Spiegel* im Jahre 1971 in einer Serie mit dem Titel „Pullach intern" schreiben, Kastners Ehefrau Gertrude habe Berichte ihres Mannes im Hüftgürtel und Büstenhalter zum Kloster der Franziskanerinnen nach West-Berlin geschafft, wo sie der Gehlen-V-Mann Jan Gindl alias „Dr. Tarney" entgegennahm?

Es gab zwei Quellen, auf die diese Gerüchte zurückzuführen waren, nämlich Kastners Ehefrau und die Organisation Gehlen bzw. der BND. Gertrude Kastner lancierte gezielt Informationen über eine angebliche Agententätigkeit ihres Mannes für den Gehlen-Dienst an die Presse, um Versorgungsansprüche ihres Mannes gegenüber dem Nachrichtendienst durchzusetzen. Dem kam diese Geschichte äußerst gelegen, denn durch die Verhaftungswellen in der DDR, die etliche Informanten des BND trafen, war der Dienst in die Defensive geraten und benötigte dringend Erfolgsgeschichten. Der Spion Kastner war eine solche Erfolgsgeschichte, die Gehlen sich gerne zu eigen machte.

Tatsächlich hatte die Organisation Gehlen Kastner zunächst nicht im Blick, denn der Mann schien wegen seiner schillernden Persönlichkeit für eine Mitarbeit nicht geeignet. Dabei dürfte auch eine Rolle gespielt haben, dass Kastner vom MfS überwacht wurde, was in Pullach bekannt war. Der stellvertretende Ministerpräsident war der SED-Führung derart suspekt, dass beim MfS ein Kontrollvorgang angelegt wurde, seine Wohnung verwanzt und seine vielfältigen Westkontakte geprüft wurden. Das Misstrauen wuchs, als die sowjetischen Freunde vom KGB ihren DDR-Kollegen berichteten, Kastner habe Kontakte zu westlichen Geheimdiensten. Belastendes Material konnte das MfS allerdings nicht zusammentragen, sodass Kastner unbehelligt blieb. Diese Umstände bewogen die Organisation Gehlen jedoch, die Finger von dem Mann zu lassen.

Die Behauptung der Sowjets, Kastner habe Verbindungen zu amerikanischen Geheimdiensten, dürfte den Tatsachen entsprochen haben, denn er hatte tatsächlich Kontakte zu Jan Gindl, der unter dem Decknamen „Dr. Tarney" zwar nicht im Dienst der Organisation Gehlen, wohl aber eines amerikanischen Geheimdienstes stand.

Der BND trat erst 1956 auf den Plan, als es zu einem Zerwürfnis zwischen Kastner und „Dr. Tarney" gekommen war und die Amerikaner es für geboten hielten, ihren Informanten in die Bundesrepublik zu bringen. Der BND startete daraufhin die Operation „Herbstgewitter", um Kastner und seine Ehefrau unbemerkt von Ost nach West zu schleusen. Das Unternehmen gelang in der Nacht vom 5. zum 6. September 1956. Kastner war auch dann noch von einigem Wert für den BND, denn er konnte eine Fülle interessanter Dinge aus den Reihen der DDR-Führung berichten. Parallel zu den Befragungen startete das Bundeskanzleramt, um der DDR-Führung zu schaden, eine Pressekampagne, die vermitteln sollte, Kastner habe als prominenter DDR-Politiker für den BND gearbeitet.

WALTER GRAMSCH

Dienstausweis des Abteilungsleiters Walter Gramsch

War Walter Gramsch ein Spion der Organisation Gehlen? Die Meinungen gehen auseinander. Gramsch bekleidete verschiedene leitende Funktionen in der DDR, unter anderem war er Leiter der Verkehrs-Abteilung der Deutschen Verwaltung für Handel und Versorgung, Leiter der Planungsabteilung der Hauptverwaltung für Handel und Versorgung, Abteilungsleiter bei der Deutschen

Schifffahrts- und Umschlags-Betriebszentrale, Abteilungsleiter für Befrachtung bei der Generaldirektion Schifffahrt und schließlich Leiter der Abteilung „Flotteneinsatz und Häfen“ im DDR-Staatssekretariat für Schifffahrt. *Der Spiegel* schreibt in seiner Serie „Pullach intern“, Gramsch habe in der Generaldirektion für Schifffahrt Ernst Wollweber, den späteren MfS-Minister, kennengelernt, der zu dieser Zeit auch dort arbeitete. Von da an habe Gramsch unter dem Decknamen „Brutus“ alles nach Pullach berichtet, was er über seinen Bekannten in Erfahrung bringen konnte. So soll Wollweber das Embargo gegen die sowjetische Besatzungszone umgangen haben, indem er versucht habe, westdeutsche Zollbeamte und Grenzpolizisten zu bestechen, damit sie Waren in die DDR ließen. Auch soll er Lizenzpapiere gefälscht und für die DDR bestimmte Maschinen über Skandinavien umleiten lassen haben.

Tatsächlich enthielt diese Geschichte aber wohl nicht viel Wahres, denn sie war eine Erfindung des BND, die in die Öffentlichkeit getragen wurde, um das angeschlagene Image des Dienstes aufzupolieren und die Effektivität seiner Ostarbeit unter Beweis zu

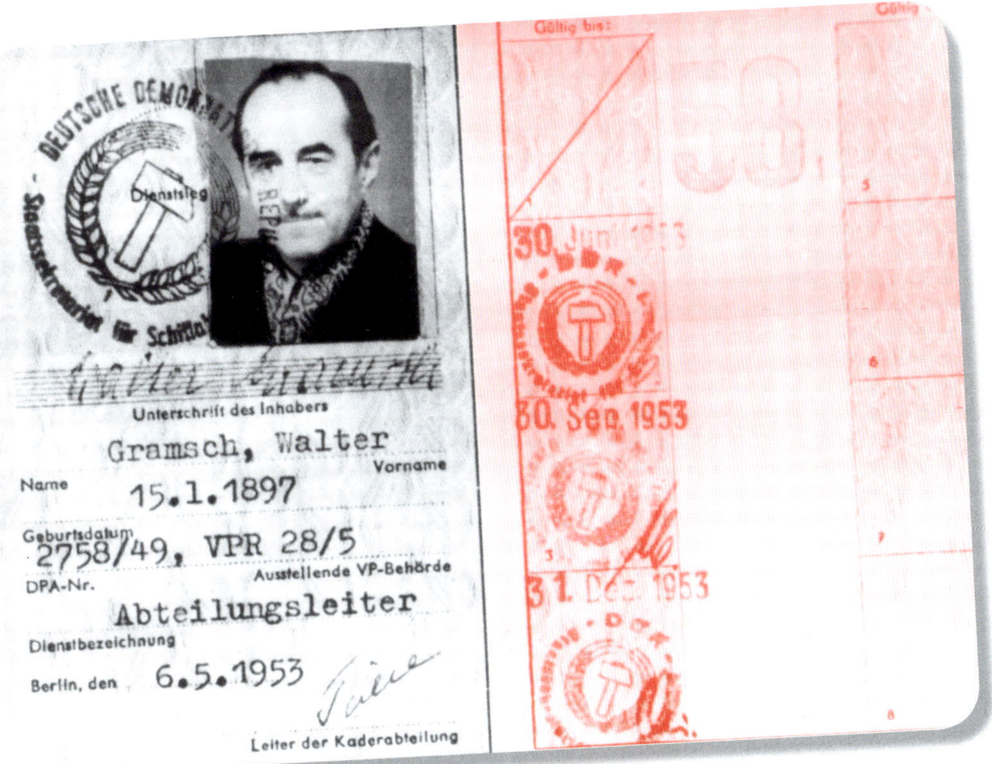

Unterschrift des Inhabers

Gramsch, Walter
Name — Vorname

15.1.1897
Geburtsdatum

2758/49, VPR 28/5
DPA-Nr. — Ausstellende VP-Behörde

Abteilungsleiter
Dienstbezeichnung

Berlin, den 6.5.1953

Leiter der Kaderabteilung

Gültig bis:

30. Juni 1953

30. Sep. 1953

31. Dez. 1953

stellen. Die Geschichte um „Brutus" fiel aber in der bundesdeutschen Presse auf fruchtbaren Boden und wurde publizistisch ausgeschlachtet, was ganz im Sinne Gehlens war.

ELLI BARCZATIS

Ruhig und sachlich antwortete Elli Barczatis auf die Fragen, die ihr in der Hauptverhandlung des in der DDR wegen Spionage gegen sie geführten Prozesses gestellt wurden. Erst als das Urteil verkündet wurde, stieß sie einen verzweifelten schrillen Schrei aus: Todesstrafe! Von dem Verfahren existieren Tonbandmitschnitte, die eindrucksvolle Dokumente der Zeitgeschichte sind. Mitangeklagt war ihr Geliebter Karl Laurenz, gegen den ebenfalls die Todesstrafe wegen Spionage verhängt wurde.

Elli Barczatis hatte tatsächlich für die Organisation Gehlen gearbeitet. Die Frau wurde 1912 als Tochter eines Schneidermeisters in Berlin geboren. Nach der Ausbildung zur Kauffrau arbeitete sie bis 1929 als Stenotypistin bei der Buchhandlung Karl Block in Berlin. Anschließend war sie bis 1945 bei verschiedenen Organisationen und Firmen tätig. Sie wurde Mitglied der SED, des FDGB, des Demokratischen Frauenbunds und der Gesellschaft für Deutsch-Sowjetische Freundschaft. 1946 stellte Gustav Sobottka, Präsident der Zentralverwaltung der Brennstoffindustrie, sie als Sekretärin ein. Dort lernte sie ihren späteren Lebensgefährten Karl Laurenz kennen. Am 4. April 1950 wechselte Barczatis als Chefsekretärin in das Büro des DDR-Ministerpräsidenten Otto Grotewohl.

Der Sozialdemokrat Karl Laurenz war seit 1946 Mitglied der SED. Drei Jahre später schloss die Parteileitung den überzeugten Nichtkommunisten „wegen mangelnder Wachsamkeit und kleinbürgerlicher ideologischer Abweichung" wieder aus, 1951 kam er vorübergehend in Haft. Sein Berufsleben war unstet, er wechselte zwischen journalistischen Tätigkeiten und solchen als Justiziar in der Braunkohleverwaltung. Später wurde er Rechtsanwalt und arbeitete nebenbei als Übersetzer.

Vermutlich 1952 nahm er Kontakt zur Organisation Gehlen auf, geriet aber wohl schon da ins Visier sowjetischer Geheimdienste. 1953 interessierte sich dann auch das MfS für Laurenz und observierte ihn. In diesem Jahr warb er Elli Barczatis als Spionin für die

Organisation Gehlen, die dort den Decknamen „Gänseblümchen" erhielt. Weil die Kontakte Laurenz' zu Barczatis dem MfS auffielen, wurde nun auch die Frau intensiv ausgeforscht.

Barczatis, die von der Beobachtung durch das MfS nichts ahnte, lieferte ihrem Lebensgefährten Informationen über die Vorgänge, die über ihren Schreibtisch gingen und die Laurenz an die Organisation Gehlen weiterleitete. Weil die Observationen nicht sehr ergiebig waren, stellte das MfS Barczatis eine Falle, um sie als Gehlen-Agentin zu überführen. Eine Kollegin, die Inoffizielle Mitarbeiterin mit dem Decknamen „Lina", präparierte einen Briefumschlag mit einer Sendung an den Minister für Außen- und Innerdeutschen Handel, die einen Sachstandsbericht über Exportaufträge des Jahres 1953 enthielt. Am Verschluss des Briefumschlags klebte sie zwei Pinselhaare ein, auf der Vorderseite brachte sie bei der Anschrift unter dem t und dem s des Wortes Minister jeweils einen kleinen Punkt an. Dies waren klassische Mittel der Fallenstellung. Die arglose Barczatis legte den Briefumschlag über Nacht in einen Panzerschrank. „Lina" berichtete ihren Führungsoffizieren über die Ausführung des Auftrags Folgendes: „Am Donnerstagmorgen kam ich 8:45 Uhr im Sekretariat an. Der Panzerschrankschlüssel wurde mir von der Gen(ossin) B. überreicht. Der Panzerschrank war schon geöffnet gewesen. Ich betrachtete mir sofort den Umschlag, die zwei Pinselhaare waren weg. Die schwarzen Punkte ebenfalls. Die Anschrift war neu geschrieben mit zwei Tippfehlern, die in der ersten Anschrift nicht enthalten waren. Es muss also ein neuer Umschlag angefertigt worden sein."

Am 4. März 1955 schlug das MfS zu und verhaftete Barczatis und Laurenz. In den folgenden Wochen versuchten die Vernehmer, Laurenz durch psychische Folter zum Reden zu bringen: Die Verhöre dauerten in der Regel von 20:30 Uhr bis gegen 8:00 Uhr des folgenden Tages. Am Tage schlafen durfte er nicht. Das Urteil des Obersten Gerichts der DDR gegen Laurenz und Barczatis wurde am 23. September 1955 vom Vorsitzenden des 1. Strafsenats Walther Ziegler verkündet.

Brisante Informationen konnten Elli Barczatis und Karl Laurenz wohl nicht liefern. Vieles von dem, was sie berichteten, war in der Bundesrepublik entweder schon bekannt oder nicht von großer Bedeutung.

RIFIFI IN WEST-BERLIN

Entführungen des MfS

Es gehörte zur Praxis des MfS, Menschen aus West-Berlin und der Bundesrepublik in die DDR zu verschleppen und dort vor Gericht zu stellen. Die Historikerin Susanne Muhle hat ungefähr 400 solcher Entführungsfälle ermittelt und beschrieben. Den Opfern wurde in der Regel Spionage für westliche Geheimdienste vorgeworfen.

Die harten Urteile waren Machtdemonstrationen, mit denen das DDR-Regime jedem die konsequente Verfolgung und drakonische Bestrafung von „Verrätern" vor Augen führen wollte. MfS-Chef Erich Mielke unterstrich im Juli 1960 diese Linie, als er nach der Entführung und Hinrichtung eines geflohenen Grenzpolizisten in einem internen Befehl bekannt gab: „Jeder Verräter – ganz gleich, wo er sich auch befinden möge – wird seiner gerechten Strafe nicht entgehen." Schon in dem MfS-Befehl 34/55 vom 7. Mai 1955, mit dem intern die Hinrichtung zweier „Verräter" zur Kenntnis gegeben wurde, hieß es: „Wer aus unseren Reihen Verrat an der Partei, an der Arbeiterklasse und an der Sache des Sozialismus übt, hat die strengste Strafe verdient. Die Macht der Arbeiterklasse ist so groß und reicht so weit, dass jeder Verräter zurückgeholt wird oder ihn in seinem vermeintlich sicheren Versteck die gerechte Strafe ereilt."

Werner Haase muss sich vor dem Obersten Gericht der DDR verantworten.

Die Vorgehensweise des MfS bei den Entführungen war unterschiedlich. Viele Entführungsopfer ließen sich durch fingierte Briefe und Telegramme oder Aufforderungen von Bekannten und Verwandten täuschen und betraten den Boden der DDR, ohne zu ahnen, dass sie in eine Falle des MfS tappten. In anderen Fällen wurden die Betroffenen nach einem Lokalbesuch in West-Berlin in betrunkenem Zustand von MfS-Spitzeln zum Betreten des Ostsektors überredet. Mitunter lockten MfS-Mitarbeiter ihre Opfer auch unter einem Vorwand in unmittelbare Grenznähe, überwältigten sie dort und verschleppten sie nach Ost-Berlin oder in die DDR. Etwa 100 Entführungsaktionen des MfS geschahen unter Einsatz von Betäubungsmitteln, die den arglosen Opfern in vergifteten Pralinen, Zigaretten oder Getränken verabreicht wurden.

Die Zielpersonen waren neben übergelaufenen hauptamtlichen oder Inoffiziellen Mitarbeitern des MfS Angehörige westlicher Nachrichtendienste und Mitarbeiter der Ostbüros von SPD, CDU, FDP, DGB sowie der KgU und des UFJ, aber auch abtrünnige Genossen aus den Reihen der SED, regimekritische Journalisten und nach dem 13. August 1961 westliche Fluchthelfer.

Die Vorgehensweise des MfS lässt sich anhand einiger Einzelfällen exemplarisch darstellen.

WERNER HAASE

In der Nacht vom 13. zum 14. November 1953 startete Werner Haase, Mitarbeiter der Berliner Außenstelle der Organisation Gehlen, gemeinsam mit seinem Kollegen Heinze ein gewagtes Unternehmen: Sie wollten ein Telefonkabel von West-Berlin durch den Landwehrkanal nach Treptow verlegen, über das sie mit ihren V-Leuten in Ost-Berlin zu kommunizieren beabsichtigten. Das Kabel befestigten sie an einem Modellschiff, das den Landwehrkanal

überqueren sollte, wo es auf Ost-Berliner Seite ein V-Mann in Empfang nehmen wollte. Doch das Unternehmen wurde verraten, im Gebüsch auf Kreuzberger Seite lauerten MfS-Agenten, die Haase und Heinze überwältigten und nach Ost-Berlin verschleppten.

Haase wurde zu einer lebenslangen Zuchthausstrafe verurteilt, nach drei Jahren jedoch gegen einen in der Bundesrepublik inhaftierten DDR-Spion ausgetauscht.

WALTER LINSE

Walter Linse war engagierter Mitarbeiter des UFJ. In Chemnitz geboren, besuchte er zunächst die Realschule und dann die Oberrealschule. Nach dem Abitur studierte er Rechtswissenschaften in Leipzig, anschließend absolvierte er ein Referendariat in Sachsen und legte 1931 in Dresden das Zweite juristische Staatsexamen ab. Seine beruflichen Stationen waren die eines Hilfsrichters in Leipzig und eines Referenten in der Industrie- und Handelskammer (IHK) in Chemnitz. Dort übernahm er im September 1938 die Bearbeitung von „Entjudungsvorgängen" und war bis 1940/41 mit der „Arisierung" von Betrieben befasst. Am 1. Oktober 1940 trat er in die NSDAP ein. Nach Abschluss der „Arisierung" war er als „Kräftebedarfsreferent" in der IHK Chemnitz tätig und übernahm im Rahmen des „totalen Kriegseinsatzes" Aufgaben bei der Koordinierung jüdischer Zwangsarbeiter.

Nach dem Krieg musste sich Linse nach zwei Anzeigen wegen seiner NSDAP-Mitgliedschaft rechtfertigen, doch blieben die polizeilichen Ermittlungen ohne Ergebnis.

Linse stieg zum Hauptgeschäftsführer der IHK Chemnitz auf und bearbeitete in dieser Funktion 1946/47 die Entnazifizierung der steuer- und wirtschaftsberatenden Berufe, wobei der von ihm geleitete IHK-Ausschuss in einigen Fällen auch schwer belasteten Personen die Genehmigung zur Weiterführung ihres Berufs erteilt haben soll.

Anfang 1949 flüchtete Linse nach West-Berlin, wo er zunächst als Syndikus eines Industrieunternehmens tätig war. Im Januar 1951 nahm er eine Arbeitsstelle beim UFJ an, beriet Gewerbetreibende aus der DDR in Enteignungsfragen und wurde Leiter der Wirtschaftsabteilung.

Walter Linse wurde im Auftrag des MfS nach Ost-Berlin entführt und von einem Militärgericht in der Sowjetunion zum Tode verurteilt.

Das MfS wurde auf Linse aufmerksam, als er im Jahre 1952 einen internationalen Juristenkongress in Berlin vorbereitete. Weil das MfS diesen Kongress, der sich gegen das DDR-Regime richtete, zu verhindern suchte, planten Mielkes Mitarbeiter Linses Entführung. Der MfS-Offizier Paul Marustzök warb im Juni 1952 den schwerkriminellen Ost-Berliner Bandenführer Harry Bennewitz und weitere Kriminelle an, die Linse kidnappten sollten.

Doch die ersten Entführungsversuche scheiterten. Am 16. Juni verspäteten sich die Entführer, und Linse saß bereits in der S-Bahn, als die Bande auf den Plan trat. In den folgenden Tagen lauerten die Entführer ihrem Opfer an vier Tagen auf, aber Linse erschien nicht. Dann, am 8. Juli, war es so weit. MfS-Mitarbeiter brachten ein West-Berliner Taxi vom Typ Opel Kapitän samt Fahrer in ihre Gewalt, während ein eigens vom MfS für Bennewitz in West-Berlin angeschaffter Neuwagen gleicher Bauart, nun mit dem Original-Taxischild und dem echten Kfz-Kennzeichen ausgestattet, zur Entführung benutzt wurde. Um 7:22 Uhr verließ Linse sein Haus. Nur wenige Meter entfernt, in der Gerichtsstraße 12 in Berlin-Lichterfelde, bat ihn ein Mitglied der Bennewitz-Bande um Feuer. Während Linse in seiner Aktentasche nach Streichhölzern suchte, wurde er angegriffen und trotz heftiger Gegenwehr in den Wagen gezerrt. Als er sich weigerte, seine heraushängenden Beine in den Wagen zu ziehen, schoss ihm Bennewitz in die Wade. Passanten versuchten, die Entführer zu stoppen. Ein Mann, der seinen Dackel ausführte, pfiff auf einer Trillerpfeife, mehrere Frauen schrien laut, ein Autofahrer hupte ununterbrochen. Doch die Entführer ließen sich nicht aufhalten. Ein Lieferwagenfahrer versuchte, das Auto zu rammen, wurde aber beschossen. Daraufhin hielt der Mann ein Polizeifahrzeug an, das die Verfolgung aufnahm, doch das Entführungsfahrzeug entkam mit hoher Geschwindigkeit aus dem amerikanischen Sektor in die DDR nach Teltow. Dort wartete Marustzök, der zu Linse in das Entführungsfahrzeug stieg, um ihn in die Haftanstalt des MfS in Hohenschönhausen einzuliefern.

In West-Berlin schlug die Entführung hohe Wellen. Zwei Tage später fand eine Protestkundgebung zur Freilassung Linses vor dem Rathaus Schöneberg statt, an der 25 000 Menschen teilnahmen und auf der Ernst Reuter die Entführung scharf verurteilte. Als Reaktion auf das Kidnapping sperrten West-Berliner Behörden vorübergehend die Straßenübergänge von West- nach Ost-Berlin und in die DDR bis auf wenige kontrollierte Übergänge.

Nach zermürbenden Verhören bekannte sich Linse der Spionage und Subversion gegen die DDR schuldig. Er wurde in die Sowjetunion gebracht, wo ihn ein Militärgericht am 23. September

Bei der Kundgebung gegen die Entführung Linses in West-Berlin kam es zu Ausschreitungen.

1953 zum Tode verurteilte. Das Militärkollegium des Obersten Gerichtshofs der Sowjetunion bestätigte am 15. Dezember 1953 das Todesurteil. Linse wurde am selben Tag im Butyrka-Gefängnis in Moskau erschossen, der Leichnam in einem Krematorium auf dem Gelände des Donskoi-Friedhofs verbrannt und seine Asche in einem Massengrab bestattet.

Doch der Fall Linse hatte noch ein Nachspiel. Ein Bandenmitglied namens Knobloch kam heimlich nach West-Berlin, um einen Einbruch zu begehen. Vorher besuchte er den in West-Berlin lebenden Bruder seiner Verlobten, der von der Entführung wusste. Dieser verständigte die Polizei, die Knobloch festnahm. Die 2. Große Strafkammer des Landgerichts Berlin verurteilte Knobloch am 4. Juni 1954 zu zehn Jahren Zuchthaus. Nach Verbüßung seiner Strafe ging er nach Ost-Berlin zurück, wo er 1992 starb.

Bandenchef Bennewitz wurde aus Sicherheitsgründen nach Polen gebracht, kehrte allerdings bald in die DDR zurück, wo er im November 1958 tödlich verunglückte. Die Angehörigen der Familie Bennewitz, die Mitwisser der Entführung Linses waren, erhielten bis in die 1980er-Jahre vom MfS monatliche Schweigegelder in Höhe von 400 bis 1000 DDR-Mark.

KARL WILHELM FRICKE

Anders verlief die Entführung des Publizisten Karl Wilhelm Fricke. Fricke, der 1949 aus der DDR nach West-Berlin geflüchtet war, veröffentlichte diverse Beiträge in Zeitschriften und im Rundfunk, in denen er unter anderem Informationen der KgU und des UFJ verarbeitete. Seine Veröffentlichungen widmeten sich vorwiegend der Verfolgung Oppositioneller in der DDR durch die Justizorgane.

Das MfS beobachtete Frickes Publikationen sehr genau und stufte sie als hochgradig schädlich für die DDR ein, weshalb man entschied, ihn nach Ost-Berlin zu entführen. Dazu engagierten die Geheimdienstler Kurt Rittwagen, der als Inoffizieller Mitarbeiter „Fritz" für das MfS arbeitete. Rittwagen war als Kommunist von der Gestapo in ein KZ gebracht und nach dem Krieg vom NKWD im Speziallager Sachsenhausen inhaftiert worden. Diese Biografie interessierte Fricke, der Kontakt zu dem

Regierung der
Deutschen Demokratischen Republik
Ministerium des Innern
Staatssekretariat für Staatssicherheit

GVS

Bezirksverwaltung S. f. S.

Abtlg. / Kreisdienststelle V/II. 3.

Berlin, den 13. 4.

Haftbeschluß

Der / ~~Die~~

Name: Fricke

Vorname: Karl Wilhelm

Geburtstag und -ort: 3. 9. 1929. Hoym / Aschersleben.

Beruf: Journalist

Familienstand: ledig

Wohnungsanschrift: Berlin, Friedenau, Kreuznacherstr. 9.

ist aus den unten angeführten Gründen in Haft zu nehmen.

Gründe der Inhaftierung: Agententätigkeit gegen die DDR.

Der Mitarbeiter: Buchholz
(Unterschrift)

Der Leiter der Abteilung / Kreisdienststelle [Unterschrift]
(Unterschrift)

Bestätigt: 15. 4. 55.
(Datum)

Mielke
(Unterschrift)

vermeintlichen DDR-Kenner und -Kritiker knüpfte. Am 1. April 1955 ließ er sich von „Fritz" und dessen Frau in eine Wohnung im Bezirk Schöneberg locken, die angeblich ihre war, tatsächlich aber vom MfS verdeckt angemietet worden war. Rittwagens Ehefrau bot Fricke ein Glas Scharlachberg-Meisterbrand an, in dem sie zuvor Schlaftabletten aufgelöst hatte. Kurz darauf fühlte sich Fricke unwohl, wollte ein Taxi rufen, verlor aber das Bewusstsein und wurde von seinen Kidnappern in einem Pkw in die DDR verschleppt.

Am 15. April 1955 unterzeichnete Erich Mielke den Haftbeschluss gegen Karl Wilhelm Fricke.

Es folgten 15 Monate lang Verhöre im Gefängnis Hohenschönhausen. Fricke war die meiste Zeit in einer Einzelzelle ohne natürliches Licht im Keller des Gebäudes untergebracht. Im Juli 1956 verurteilte ihn das Oberste Gericht der DDR in einem Geheimprozess wegen „Kriegs- und Boykotthetze" zu vier Jahren Zuchthaus, die er in den Haftanstalten Brandenburg-Görden und Bautzen II in Einzelhaft verbüßen musste.

WILHELM VAN ACKERN

Die Entführung des Gehlen-Mitarbeiters Wilhelm van Ackern wurde im MfS von langer Hand vorbereitet. Mielkes Mitarbeiter erarbeiteten mehrere Pläne und verwarfen sie wieder, bis am 24. März 1955 das Kidnapping startete. Der Inoffizielle Mitarbeiter des MfS mit dem Decknamen „Schütte" lockte van Ackern in eine Wohnung in Neukölln. Zuvor hatte er behauptet, er habe die Meldetasche eines sowjetischen Offiziers mit Kartenmaterial gefunden, die er dem Gehlen-Mann übergeben wollte. An den Unterlagen war van Ackern natürlich interessiert, deshalb ging er mit in die Wohnung, in der er sich schon zuvor mit „Schütte" getroffen hatte. „Schütte" braute einen Kaffee, in den er ein Betäubungsmittel mischte, van Ackern trank, wurde benommen, „Schütte" und ein weiterer Mitarbeiter des MfS hakten ihn unter und führten ihr völlig willenloses Opfer zu einem Pkw. Der Wagen brachte ihn über die Grenze ins Gefängnis Hohenschönhausen, wo noch am selben Tag ein Verhör erfolgte, das von 13:30 Uhr ohne Unterbrechung bis 5:45 Uhr des folgenden Tages dauerte. In der Untersuchungshaft wurde van Ackern für den Fall, dass er in der Gerichtsverhandlung seine Entführung ansprach, die Todesstrafe angedroht. Van Ackern schwieg deshalb zu dem Kidnapping, wurde zu lebenslanger Freiheitsstrafe verurteilt, kam jedoch 1964 frei und kehrte nach West-Berlin zurück.

FRIEDRICH BÖHM

Friedrich Böhm arbeitete in West-Berlin für den französischen Geheimdienst. Von dieser Tätigkeit erfuhr das MfS im Frühjahr 1954 durch einen Inoffiziellen Mitarbeiter, der fortan über Böhm berichtete. 1957 platzierte der DDR-Geheimdienst acht Spitzel im Umfeld des Mannes, unter ihnen den Inoffiziellen Mitarbeiter „Tell" und dessen Ehefrau, die das MfS mit ihren beiden Kindern als politische Flüchtlinge getarnt nach West-Berlin geschleust und auf Böhm angesetzt hatte. Böhm erkannte die Falle nicht, warb die beiden für eine Zusammenarbeit mit dem französischen Geheimdienst und schenkte ihnen fortan sein Vertrauen. Die Tätigkeit „Tells" als Hilfsförster in einem Waldgebiet in der Nähe der Grenze zur DDR bot dem MfS die günstige Möglichkeit einer Entführung. Ihren Ablauf schildert die Bundeszentrale für politische Bildung auf ihrer Internetseite folgendermaßen: „Als Friedrich Böhm am Morgen des 2. Oktober 1958 in Begleitung des IM ‚Tell' den Parkplatz im Gatower Forst erreichte, wartete dort bereits das Entführungskommando. ‚Tell' führte Friedrich Böhm auf einem Waldweg zu der Stelle, wo eine für ihn geschlagene Birke liegen sollte. Als Waldarbeiter verkleidet, näherte sich IM ‚Neuhaus' den beiden Männern, berichtete von einem in der Nähe aufgefundenen Frischling und führte sie dorthin. Im nächsten Augenblick zog ‚Neuhaus' eine Pistole und die beiden anderen Entführer-IM sprangen aus dem naheliegenden Gebüsch. Mit Gummiknüppeln droschen sie auf den sich verzweifelt wehrenden Friedrich Böhm ein. Im Gerangel traf ihn ein Schuss in der Schulter – der Schuss sowie seine Hilferufe verhallten im Wald. Die IM fesselten den verletzten Friedrich Böhm, verfrachteten ihn in einen VW Kombi, beseitigten die Blutspuren am Tatort und fuhren über eine genau festgelegte Route in die DDR."

Böhm wurde vor Gericht gestellt und zu einer lebenslangen Zuchthausstrafe verurteilt. Im September 1972 konnte er von der Bundesregierung freigekauft werden.

DOPPELTER ÜBERTRITT

Der Präsident des Bundesamtes für Verfassungsschutz Otto John

Otto John, seit 1950 erster Präsident des BfV, wollte am 20. Juli 1954 an einer Gedenkveranstaltung für die Opfer des misslungenen Anschlags auf Adolf Hitler zehn Jahre zuvor teilnehmen. Der Wunsch war verständlich, denn John gehörte während der NS-Zeit zum Kreis der Verschwörer um Stauffenberg. Während der Veranstaltung fiel John anderen Teilnehmern auf, weil er unruhig wirkte und weinte. Am Abend desselben Tages verließ er gegen 19:40 Uhr sein Hotel in West-Berlin, nachdem er seiner Frau gesagt hatte, er wolle sich mit Bekannten aus der Sowjetzone treffen. Tatsächlich war er mit zwei britischen Offizieren verabredet, bei denen er jedoch nicht erschien. Stattdessen suchte er seinen Freund, den Arzt Wolfgang Wohlgemuth, auf. Gegen 21:00 Uhr passierten die beiden Männer in einem Pkw die Sektorengrenze an der Invalidenstraße in Richtung Ost-Berlin. Einem West-Berliner Zöllner erklärten sie, in die Charité fahren zu wollen. Dasselbe hatte Wohlgemuth auf einem Zettel notiert, den seine Sprechstundenhilfe am nächsten Morgen in der Praxis vorfand. Dort hieß es außerdem: „Es handelt sich darum, daß Herr John nicht mehr in den Westsektor zurückkehren will." Bei den sofort einsetzenden Ermittlungen in West-Berlin identifizierte der Zöllner John auf einem Foto eindeutig als den Mann, der die Grenze passiert hatte. Da damals Entführungen des MfS auf der Tagesordnung standen, dachte man im ersten Moment, auch John sei in den Ostsektor verschleppt worden. Doch der Zöllner gab an, John habe nicht den Eindruck gemacht, zwangsweise in dem Auto zu sitzen. Wenig später berichteten DDR-Medien, John sei aus Protest gegen die Politik Adenauers in die DDR übergewechselt. In einer angeblich persönlichen Erklärung Johns hieß es, seine demonstrative Aktion diene dem Bemühen einer Wiedervereinigung Deutschlands.

Am 11. August 1954 trat John in Ost-Berlin vor die Presse und wiederholte, dass er mit seinem Schritt auf die Wiedervereinigung hinweisen wolle. Er bezeichnete Adenauer als Separatisten, in dessen Regierung alte Nazis säßen. Er sagte: „Ich habe mich nach reiflicher Überlegung entschlossen, in die DDR zu gehen und hier zu bleiben, weil ich hier die besten Möglichkeiten sehe, für eine Wiedervereinigung und gegen die Bedrohung durch einen neuen Krieg tätig zu sein." In der Pressekonferenz wirkte John, der auf Fragen der Journalisten prompt reagierte, souverän und freimütig.

Nachdem man im Westen schnell erkannt hatte, dass John nicht entführt worden war, schwenkte die offizielle Meinung um und behauptete nun, John sei freiwillig in die DDR gegangen.

Nach der Pressekonferenz verschwand John für längere Zeit von der Bildfläche und tauchte erst Ende 1954 wieder auf, als er im Auftrag des Ausschusses für die deutsche Einheit, einer ostdeutschen Propagandaorganisation, durch die DDR reiste und in Vorträgen für die Wiedervereinigung warb. Doch seine psychische Labilität ließ ihn bald zu einem Problem für seine Gastgeber werden. Vom MfS stets beobachtet, zog er saufend durch die Lokale und soll auf der Straße unanständige Lieder gesungen haben.

Der Präsident des BfV Otto John erklärt am 11. August 1954 auf einer Pressekonferenz in Ost-Berlin, er habe sich entschlossen, in die DDR zu gehen.

Die nächste Merkwürdigkeit geschah am 11. Dezember 1955. Um 16:35 Uhr passierte ein dänisches Diplomatenfahrzeug das Brandenburger Tor von Ost nach West. In dem Auto saßen der dänische Korrespondent Henrik Bonde-Henriksen und Otto John. Die beiden fuhren zunächst zu Bonde-Henriksens Wohnung in Lichterfelde und flogen am nächsten Tag nach Bonn, wo sich John den Behörden stellte und einige Tage später verhaftet wurde. Während die Bundesregierung meldete, John werde von den Sicherheitsbehörden vernommen, verkündete die DDR-Nachrichtenagentur ADN, John habe die DDR verlassen, um seinen Kampf gegen den „Neofaschismus in Westdeutschland fortzusetzen".

Was damals tatsächlich geschehen ist, ist bis heute nicht geklärt. Verschiedene Theorien kreisen um die Vorfälle, die von einer Entführung über den freiwilligen Übertritt Johns bis hin zu einer inszenierten Aktion sowjetischer Geheimdienste reichen.

Bevor man sich jedoch den Theorien zuwendet, muss man sich fragen: Wer war Otto John? Die Geschehnisse damals sind nur zu verstehen, wenn man sich dem Charakter, der psychischen Verfassung und der Biografie des Mannes zuwendet. John wuchs in Wiesbaden auf und studierte in Frankfurt am Main Jura. Nach Abschluss des Studiums arbeitete er von 1937 bis 1944 bei der Lufthansa, wo sein Vorgesetzter Klaus Bonhoeffer, der Bruder des

Theologen Dietrich Bonhoeffer, war. Durch ihn kam er noch vor Kriegsausbruch in Kontakt mit dem Widerstand gegen den Nationalsozialismus und beteiligte sich an den Vorbereitungen zum Attentat auf Hitler am 20. Juli 1944. Nach dessen Scheitern gelang ihm die Flucht über Madrid und Lissabon nach Großbritannien. Dort arbeitete er beim Soldatensender Calais, einem deutschsprachigen Propagandasender. Nach Kriegsende beriet er die britische Regierung bei der Aufklärung von Kriegsverbrechen, die durch deutsche Generäle begangen worden waren, und sagte als Zeuge der Anklage in den Nürnberger Prozessen aus.

Im Jahr 1950 wurde John auf Initiative der britischen Besatzungsmacht gegen erhebliche Widerstände der Amerikaner zum Präsidenten des neu eingerichteten BfV ernannt. Seine Kritiker, unter ihnen auch Reinhard Gehlen, der sich selbst gerne den Verfassungsschutz einverleiben wollte, hielten ihn für labil und unstet. Es hieß, er spreche dem Alkohol zu und sei nicht wählerisch bei seinen Freundschaften.

John selbst behauptete später, von Wohlgemuth betäubt und in die DDR gebracht worden zu sein. Dies steht jedoch im Widerspruch zu der Aussage des Zöllners, der angegeben hatte, John habe beim Passieren der Grenze nicht unter Zwang gestanden. Auch Johns Behauptung, er habe die Pressekonferenz am 11. August 1954 unter Druck abgehalten, war nicht glaubhaft, da die anwesenden Journalisten etwas Derartiges nicht erkennen konnten.

Die Autoren George Bailey, Sergej A. Kondraschow und David E. Murphy haben in den Archiven des KGB geforscht und sind zu einer anderen Erklärung gekommen: Demnach wurde der sowjetische Geheimdienst durch Kim Philby, einen Top-Spion der

Sowjets im britischen MI 6, bereits während des Zweiten Weltkriegs auf John aufmerksam gemacht, weil er Kontakte zu britischen Geheimdienststellen hatte. Durch Philby gelangten Berichte Johns, die für den MI 6 gedacht waren, in die Hände der Sowjets und stießen dort auf großes Interesse. Die Aufmerksamkeit wuchs, als man hörte, John solle auch Kontakt zur Gestapo haben.

Der Doppelagent Kim Philby hat den sowjetischen Geheimdienst auf Otto John aufmerksam gemacht.

Als John Verfassungsschutzpräsident wurde, warfen die sowjetischen Geheimdienstler einen genaueren Blick auf den Mann. Ihnen kam zugute, dass ein Informant 1953 einen Hinweis auf Wolfgang Wohlgemuth gegeben hatte, der mit John befreundet war. Wohlgemuth, eine schillernde Figur, der als Frauenheld und Salonbolschewist galt, meinte auf die Frage eines KGB-Geheimdienstlers, der daraufhin Kontakt zu ihm aufgenommen hatte, ob er John dazu bewegen könne, für die Sowjets zu arbeiten, das würde einige Zeit dauern, ließe sich aber machen. Tatsächlich übermittelte Wohlgemuth den Gesprächswunsch der Sowjets an John, wobei er dem Verfassungsschutzpräsidenten suggerierte, hochrangige sowjetische Diplomaten wollten mit ihm über „die Frage fortschrittlicher Gruppen in Westdeutschland, die fähig sind, in einem vereinigten Deutschland tätig zu werden", sprechen. Als sich John einem solchen Gespräch nicht abgeneigt zeigte, erörterten die KGB-Geheimdienstler mit Wohlgemuth, wie man ein Treffen mit John arrangieren könne. Sie verwarfen mehrere Möglichkeiten und beschlossen schließlich, dass Wohlgemuth den Verfassungsschutzpräsidenten am 20. Juli 1954 mit der Begründung nach Ost-Berlin locken sollte, dort mit sowjetischen Diplomaten zusammenzutreffen, um über die Deutschlandfrage zu diskutieren. Wie in operativen Vorgängen üblich, erhielt John Decknamen, nämlich „Keller" und „Proton".

In Ost-Berlin wurde John, wie der dortige KGB-Chef später zu Protokoll gab, aber nicht von sowjetischen Diplomaten, sondern von Geheimdienstlern empfangen, die mit ihm nicht über eine Wiedervereinigung sprechen wollten, sondern versuchten, ihn auszuhorchen. John wurde nach der Pressekonferenz am 11. August 1954 in die Sowjetunion gebracht und intensiv vom KGB vernommen. Bereits am 25. Juli fand in Ost-Berlin eine Befragung durch die Sowjets zu Arbeitsmethoden des FBI und des bundesdeutschen Verfassungsschutzes statt. Er gab jedoch zunächst nur allgemeine Informationen preis. Später zeigte er sich allerdings auskunftsfreudiger, nannte Namen von Mitarbeitern der Organisation Gehlen und berichtete über die Finanzierung der Dienststelle. Er erzählte auch von einem vermeintlichen Ostspion in den Reihen des BfV und von Informanten in anderen bundesdeutschen und westalliierten Einrichtungen. Im Laufe der Zeit kam so doch eine ganze Anzahl geheimer Informationen zutage, die für die Sowjets von Interesse waren.

In die Bundesrepublik zurückgekehrt, wurde John vor Gericht gestellt und wegen landesverräterischer Fälschung in Tateinheit mit landesverräterischer Konspiration in einem besonders schweren Falle zu vier Jahren Freiheitsstrafe verurteilt. Im Prozess behauptete John erneut, in die DDR entführt worden zu sein, die Richter schenkten ihm aber keinen Glauben. John kämpfte bis zu seinem Tod am 26. März 1997 um seine Rehabilitierung, die ihm jedoch nicht gewährt wurde.

Otto John (r.) bei seiner Ankunft am Bundesgerichtshof in Karlsruhe, wo ihm 1956 wegen Landesverrats der Prozess gemacht wurde

WER WUSSTE WAS?

Der Mauerbau, seine Folgen und die weitere Entwicklung der Spionage

Wer kennt nicht die Worte Walter Ulbrichts auf der Pressekonferenz am 15. Juni 1961: „Niemand hat die Absicht, eine Mauer zu errichten." Zu diesem Zeitpunkt liefen die Vorbereitungen für die Grenzschließung aber bereits auf Hochtouren, denn für das DDR-Regime war es höchste Zeit, den Flüchtlingsstrom in Richtung Westen zu stoppen. Zwischen 1949 und 1961 hatten 2,8 Millionen Menschen ihrer Heimat den Rücken zugekehrt, allein im August 1961 waren es bis zum Mauerbau 47 000 Flüchtlinge. Ihre Motive waren vielfältig: politische Verfolgung, Kollektivierung der Landwirtschaft, verstärkte Ideologisierung der Universitäten, die Versorgungskrise, ein Mangel an persönlichen Zukunftschancen oder die wirtschaftliche Attraktivität der Bundesrepublik.

Ganz unerwartet kam der Mauerbau nicht. Die politische Situation war schon seit Längerem kritisch, die westlichen Geheimdienste auf das Höchste angespannt, dies auch deshalb, weil Chruschtschow sein Ziel, das er bereits 1958 formuliert hatte, nämlich die Kontrolle über West-Berlin und die Zufahrtswege zu erlangen, stetig weiterverfolgte. Getrieben wurde er dabei von Ulbricht, der den Flüchtlingsstrom mit allen Mitteln unterbinden wollte.

In Washington ahnte man, dass etwas bevorstand, wusste aber nicht, was genau die DDR und die Sowjetunion planten. Die politischen Analytiker glaubten an eine weitere Verschärfung der Krise erst im Spätherbst oder Frühwinter des Jahres 1961. Auch Präsident Kennedy befürchtete Maßnahmen der DDR zur Eindämmung des Flüchtlingsstroms, denn prophetisch meinte er Ende Juli oder Anfang August 1961 zu seinem Mitarbeiter Walt Rostow: Chruschtschow „wird etwas tun müssen, um den Flüchtlingsstrom zu unterbinden – vielleicht eine Mauer bauen".

In der Lageeinschätzung waren die Amerikaner unterschiedlicher Meinung. Während man in Washington glaubte, die DDR mit Agitation und aktiver Einflussnahme weiter destabilisieren zu können, waren die Fachleute vor Ort skeptischer. Die Berliner CIA-Geheimdienstler befürchteten, dass aktive Destabilisierungsmaßnahmen die Flüchtlingskrise nur noch weiter verschärfen und einer Abriegelung West-Berlins Vorschub leisten würden. Zudem war man besorgt über den schlechten Zugang zu Informationen, der aktive Maßnahmen in der DDR unmöglich machen würde. Bill Harvey von der Berliner Außenstelle der CIA stellte fest: „Es ist unrealistisch zu glauben, wir könnten in der SBZ ein ausreichend großes, zuverlässiges und fähiges Schläfernetz infiltrieren, das dann (…) bei der Organisation von Widerstandsgruppen mitwirken kann."

Ein Plakat an der Sektorengrenze zu Ost-Berlin mit der Reproduktion eines Artikels des SED-Organs *Neues Deutschland* zur Rede Ulbrichts am 15. Juni erinnert im Oktober 1961 an dessen Falschaussage.

Anfang August mehrten sich die Hinweise westlicher Spione in der DDR, dass eine Schließung der Grenze bevorstand. Am 6. August meldete ein CIA-Informant, er habe in einem Parteiausschuss gehört, dass in der nächsten Woche „drastische Maßnahmen" zur Abriegelung West-Berlins getroffen werden würden. Ein Zahnarzt berichtete dem französischen Geheimdienst, ein Patient, der ein hohes Parteiamt bekleidete, habe ihm erzählt: „Sie wollen Absperrungen mitten durch Berlin bauen." Ein Informant aus dem DDR-Gesundheitsministerium wusste schon am 4. August Genaueres: 14 000 Soldaten seien in Alarmbereitschaft, bei Polizei und NVA sei eine Urlaubssperre verhängt worden.

Trotz dieser Meldungen wollten die amerikanischen Geheimdienstler in Berlin nicht an eine völlige Sperrung der Grenze glauben. In einer Sitzung des Berlin Watch Committee, einem Koordinierungsgremium der verschiedenen in Berlin arbeitenden amerikanischen Geheimdienste, diskutierte man am 9. August die Lage. Die Besprechungsteilnehmer stimmten darin überein, dass West-Berlin nicht vollständig abgeriegelt werden könne.

Auch der BND ahnte etwas. Im Juli liefen mehrere Meldungen ein, die besagten, dass die Grenze abgeriegelt werden würde. Der Informant Willi Leisner berichtete am 26. Juli, die Straßenübergänge nach West-Berlin sollten gesperrt, der U- und S-Bahnverkehr unterbrochen werden. Weitere Meldungen Leisners folgten in den nächsten Tagen, allerdings mit dem Hinweis, die Sowjets hätten der Abriegelung West-Berlins nicht zugestimmt. Beruhigend meldete der BND deshalb am 9. August dem Bundeskanzleramt: „In Moskau ist nun jeder allzu offenkundige Versuch, Sperr- und Terrormaßnahmen innerhalb Berlins durchzuführen, als in der gegenwärtigen Situation unzweckmäßig abgelehnt worden." Was man in Pullach nicht wusste: Leisner war nicht nur Informant des BND, sondern auch Agent des KGB und hatte aus

Moskau die Weisung erhalten, die geplante Grenzschließung herunterzuspielen, um den bundesdeutschen Nachrichtendienst von den laufenden Planungen ablenken. Dies ist ihm auch gelungen, denn beim BND wollte bis zum 13. August niemand an eine Sperrung der Grenze glauben.

Auch Bonner Politiker, die von den Meldungen des BND erfahren hatten, zweifelten an den Berichten über eine Grenzsperrung. Kurz vor dem 13. August saßen Erich Mende, Vorsitzender der FDP, und der Minister für gesamtdeutsche Fragen, Ernst Lemmer, über einen Stadtplan Berlins gebeugt und waren sich einig, dass die 167 Kilometer lange Grenze zwischen West- und Ost-Berlin nicht so hermetisch abgesperrt werden konnte, „dass kein Mauseloch mehr blieb". Und der französische Verteidigungsminister Pierre Messmer sagte später, niemand in seiner Regierung habe den Berichten der französischen Geheimdienste über die Grenzschließung glauben wollen.

Tage vor dem 13. August begannen in der DDR Truppenverlegungen, von denen der BND nichts mitbekam. Anders das BfV, das am 25. Juli dem Bundeskanzleramt meldete, am Berliner Ring seien Polizeikräfte zusammengezogen worden, und die Grenzschutztruppen in Berlin würden reorganisiert.

Auch das Ostbüro der SPD war informiert. Ein Arzt aus Potsdam, der regelmäßig an Besprechungen im DDR-Gesundheitsministerium teilnahm, meldete Anfang August, Ulbricht habe sich bei Chruschtschow mit seiner Forderung durchgesetzt, die Grenze zu schließen. Die Sozialdemokraten gaben die Informationen an den Regierenden Bürgermeister Willy Brandt und das Landesamt für Verfassungsschutz weiter, wurden jedoch nicht ernst genommen.

Für die westlichen Geheimdienstler war es im Sommer 1961 schwierig, verlässliche Informationen über die geplante Grenzschließung zu erhalten, da in der DDR nur ein kleiner Kreis – man vermutet zwischen 20 und 60 Personen – in das Vorhaben wirklich eingeweiht war. Selbst im MfS wussten nur wenige Bescheid. Mielke deklarierte die anlaufenden Maßnahmen als „Vorbereitungen für die Unterzeichnung eines Friedensvertrages mit der Sowjetunion". Erst am 11. August trommelte der Minister seine Führungsriege zusammen und erklärte ihnen die Lage.

Auch die meisten Politbüro- und Regierungsmitglieder hatten keine Ahnung, was bevorstand. Am 12. August lud Ulbricht sie zu einem „Beisammensein" in das ehemalige Gästehaus Görings am Döllnsee in der Schorfheide ein. Nach einer ausgiebigen Gartenparty sah man den Spielfilm *Rette sich, wer kann.* Am Abend gegen 22 Uhr verkündete Ulbricht dann die Neuigkeit, dass am nächsten Tag die Grenze geschlossen würde. Politbüro und Ministerrat stimmten der Maßnahme geschlossen und ohne Widerspruch zu.

Der Überraschungscoup gelang: Ab Mitternacht des 13. August riegelten Militär, Polizei und Baubrigaden unter der Leitung Erich Honeckers, damals Sekretär für Sicherheitsfragen des Zentralkomitees der SED, den Westteil der Stadt ab. Die Aktion mit dem Codenamen „Rose" lief ab wie am Schnürchen. Von westlicher Seite konnte man den Maßnahmen nur fassungslos zusehen.

Für den BND waren seine unzureichenden Erkenntnisse und falschen Bewertungen der Hinweise auf den Mauerbau kein Ruhmesblatt. CIA-Direktor Dulles gab Gehlen zu verstehen, sein Dienst solle sich künftig stärker bemühen, politische Zusammenhänge zu erkennen. Dienstintern gab es deutliche Manöverkritik, die Gehlen vorhielt, es sei nicht hinzunehmen, dass der Dienst die Zusammenführung von sieben Divisionen der NVA nicht bemerkt hätte. Walter Nielsen, der Chef der militärischen Beschaffung des BND, stellte im Oktober 1961 fest, das Versagen zeige „erneut klar, dass ständig an der Verbesserung der militärischen Vorwarnung

Blick von der Ebertstraße auf den Pariser Platz: Auf dem Platz stehen Mannschaftswagen der Grenzorgane, auf dem Bürgersteig liegen Drahtrollen. Der erste Sperrzaun steht. Hinter dem Zaun sind Ost-Berliner zu sehen. 13. August 1961, etwa 15 Uhr

gearbeitet werden muss". Mit militärischen Quellen allein sei dies nicht zu bewältigen, man brauche vielmehr Informanten mit Zugang zu politischen Kreisen und den Sicherheitsapparaten.

Der Mauerbau dürfte das einschneidendste Ereignis in der Berliner Nachkriegsgeschichte gewesen sein. Familien wurden auseinandergerissen, Freunde und Verwandte konnten sich nur noch über die Stacheldrahtverhaue hinweg zuwinken. Menschen verloren ihre Arbeitsstellen im anderen Teil der Stadt, Studenten ihre Studienplätze, Einkaufsfahrten über die Grenze waren nicht mehr möglich. Die Menschen waren verzweifelt, auf beiden Seiten der Stacheldrahtverhaue gab es Proteste, wobei die im Osten schnell niedergeschlagen wurden. Viele Ost-Berliner versuchten in den ersten Tagen und Wochen nach dem 13. August, über die noch provisorischen Barrieren zu fliehen. Sie sprangen über den Stahldraht, wobei ihnen teilweise von West-Berliner Seite geholfen wurde. Das Foto des Grenzsoldaten Conrad Schumann, der am 15. August in Uniform, mit Stahlhelm und geschultertem Gewehr über den Stacheldraht sprang, ging damals um die Welt. Verzweifelte Menschen ließen sich aus Fenstern der auf Ost-Berliner Seite der Bernauer Straße gelegenen Häuser in die Sprungtücher der West-Berliner Feuerwehr auf dem zum Westteil der Stadt gehörigen Bürgersteig fallen. Teilweise verfehlten sie die Sprungtücher und starben auf dem Straßenpflaster. Flüchtlinge krochen durch stinkende Abwasserkanäle oder schwammen durch die Spree. Sie rasten mit Lkw und sogar mit einem Eisenbahnzug durch die Grenzsperren.

Bewohner der Bernauer Straße flüchten aus den Fenstern.

Für die Geheimdienste auf beiden Seiten war der Mauerbau eine Herausforderung. Hatten Agenten bisher mehr oder weniger ungehindert die Grenze zwischen Ost und West passieren können, war ihnen dieser Weg nun versperrt. Es war auch kaum noch möglich, Spione des MfS als Flüchtlinge getarnt in die Bundesrepublik zu schleusen. Umgekehrt war für die westlichen Dienste die sehr ergiebig sprudelnde Informationsquelle der Flüchtlinge, die bei ihren Aufnahmeverfahren intensiv nach den Verhältnissen in der DDR befragt worden waren, weitgehend versiegt. Man musste also nach neuen Wegen des Agenteneinsatzes suchen.

Das MfS ging dazu über, seinen Spionen Legenden mit Namen ins Ausland ausgewanderter oder verstorbener Bundesbürger zu verleihen. Mit diesen falschen Personalien erwarben sie bundesdeutsche Pässe, verschleierten ihre wahre Identität durch häufige Umzüge innerhalb des Bundesgebietes und bewarben sich bei Unternehmen oder Behörden, an denen das MfS interessiert war. Allerdings kam die Spionageabwehr des BfV dieser Methode auf die Schliche und konnte 1976 auf einen Schlag die Verhaftung von 30 MfS-Spionen in der Bundesrepublik veranlassen. In Windeseile holte das MfS daraufhin weitere 120 Agenten, deren Legenden in Gefahr waren, in die DDR zurück.

Die westlichen Geheimdienste waren bemüht, eine sichere Kommunikation mit ihren Agenten aufzubauen, ohne sie persönlich kontaktieren zu müssen. Eine Möglichkeit war die Verbindungsaufnahme über sogenannte tote Briefkästen, die sich aber als umständlich und langwierig erwies. Die Verstecke mussten so gut getarnt sein, dass sie nicht auffielen, die Bestückung und Leerung hatten unauffällig zu erfolgen. Dazu bedurfte es des Einsatzes von Kurieren, die erst angeworben und instruiert werden mussten. Auch die Versendung geheimer Nachrichten durch westliche Geheimdienste in Briefen war gefährlich, da die hierbei verwendete Geheimtinte von den Spezialisten des MfS wegen ihres besonderen Geruches erschnüffelt werden konnte.

B-AJ 9927
K-KJ 208
SU-EC2

1975 ereignete sich ein Vorfall, der das MfS in höchste Aufregung versetzte: Der CDU-Politiker Peter Lorenz wurde am 27. Februar in West-Berlin von Mitgliedern der linksextremistischen Bewegung 2. Juni entführt. Die Folge war ein enormer Fahndungsdruck West-Berliner und bundesdeutscher Sicherheitsbehörden. Ein engmaschiges Netz von Kontrollmaßnahmen wurde geknüpft, Personenüberprüfungen an Flughäfen, an Grenzen, auf Straßen, in verdächtigen Gebäuden liefen ab. Das MfS sah sich daraufhin gezwungen, den Einsatz sämtlicher Agenten bis auf Weiteres zu stoppen, damit diese nicht Gefahr liefen, bei der Fahndung enttarnt zu werden. Und tatsächlich flog mindestens ein Inoffizieller Mitarbeiter, der mit falschen Personalpapieren unterwegs war, bei den Kontrollen auf. Beim MfS wird man wohl aufgeatmet haben, als Lorenz am 3. März im Austausch gegen fünf inhaftierte Angehörige der Roten Armee Fraktion und des 2. Juni wieder freigelassen wurde.

Umfangreiche Verkehrskontrollen im Rahmen der Suche nach den Entführern von Peter Lorenz machten das MfS nervös.

Erheblichen Aufwand betrieb die HA II des MfS, um Militärobjekte der NVA vor einer Ausspähung zu schützen. Die Abwehrmänner überlegten intern, wie und wo sich wohl ein Westspion einem Militärgelände nähern würde, um es auszukundschaften. Diese Punkte wurden dann observiert und Spaziergänger beäugt, ob sie sich auffällig verhielten. Wer mehrmals an derselben Stelle vorbeikam, machte sich verdächtig und wurde heimlich überprüft.

Der BND wählte nach dem Mauerbau einen anderen Weg als bisher, um Informanten zu werben: Der Dienst verschickte Briefe an MfS-Mitarbeiter, in denen sie zum Überlaufen in die Bundesrepublik aufgefordert wurden. Ihnen wurden dafür Prämien in Höhe von 1 000 000 DM versprochen. Als „Entscheidungshilfe" lagen den Briefen mitunter 1000 DM in bar bei. 17 solcher Briefe fing das MfS ab. Dort schüttelte man den Kopf über den Dilettantismus der Aktion. Auch der BND musste einsehen, dass diese Werbemethode naiv war, und stellte sie wieder ein. Allerdings wusste das MfS von vier Fällen, in denen Angehörige des Ministeriums über diese Werbemethode Kontakt zum BND aufgenommen hatten.

Mitte der 1970er-Jahre bekam das MfS Wind davon, dass der BND Studenten anheuerte, die über die Transitstrecken fahren und dabei Militärkonvois und militärische Einrichtungen auskundschaften sollten. Ihnen wollten Mielkes Männer eine Falle stellen. Sie errichteten in Sichtweite der Transitstrecke ein falsches Militärlager, das das Interesse der Studenten wecken sollte. Wenn die jugendlichen Spione sich dann auffällig für das Lager interessierten, sollten sie festgesetzt werden. Doch die Studenten dachten gar nicht daran, sich für das Objekt zu interessieren. Später stellte sich heraus, dass die Jungagenten statt zu spionieren einfach Geschichten erfanden, die sie ihren Auftraggebern erzählten.

Nach der völkerrechtlichen Anerkennung der DDR wandelten sich die Aufgaben des MfS. In Bonn nahm die Ständige Vertretung der DDR ihre Arbeit auf, die Bundesrepublik und andere Staaten errichteten Vertretungen und Botschaften in Ost-Berlin. Alle diese Einrichtungen wurden zu Stützpunkten der Geheimdienste. Es ist eine weltweite Praxis, dass Staaten in ihren diplomatischen Vertretungen Geheimdienstresidenten stationiert hatten und haben, die einerseits die Verbindung zwischen den Geheimdiensten und den Botschaftern ihres Entsendestaates halten, die andererseits aber auch die geheimdienstliche Arbeit in der Region koordinieren und beaufsichtigen. Diese Residenten haben teilweise einen legalen Status, sind mitunter selbst Diplomaten und können deshalb nicht strafrechtlich belangt werden. Solche Residenturen wurden nun in den 1970er-Jahren in Bonn von der DDR und in Ost-Berlin von der Bundesrepublik und anderen westlichen Staaten aufgebaut. Mit welchen personellen Kapazitäten gearbeitet wurde, zeigt eine Einschätzung der HA II des MfS, die für die Spionageabwehr zuständig war und die meinte, dass im Jahre 1986 jeder dritte Diplomat in der Ost-Berliner Botschaft der USA ein CIA-Mitarbeiter war.

Gebäude der Ständigen Vertretung der Bundesrepublik Deutschland in der Hannoverschen Straße in Ost-Berlin

GUT PLATZIERT

MfS- und KGB-Spione in den West-Berliner Abhörstationen

Man glaubt nicht, wie einfach es für MfS und KGB war, Top-Spione in den Abhörstationen der Westalliierten zu platzieren. Die Geheimdienste mussten ihre Spitzel nicht suchen, brauchten keine umständlichen Operativpläne für ihre Werbung und den Einsatz zu erarbeiten, mussten keine Überredungskünste oder Erpressungen anwenden, denn die Spione kamen von sich aus und dienten sich an. In der britischen Abhörstation in Gatow, auf dem Teufelsberg und in Marienfelde saßen sie, kopierten dort geheime Unterlagen und erzählten ihren Führungsoffizieren, wie die Arbeit in den Anlagen ablief. Jenseits der deutsch/deutschen Grenze war man begeistert.

GEOFFREY PRIME

In Gatow war es Geoffrey Prime, der in der britischen Abhörstation für die andere Seite spionierte. Prime wuchs in Staffordshire in Großbritannien auf, trat 1956 in den Dienst der Royal Air Force ein, lernte Russisch und während seiner Stationierung in Kenia auch Suaheli. Schockiert von der Armut in dem afrikanischen Land und der Ausbeutung durch die britischen Kolonialbehörden, wandte er sich während seines Aufenthalts dort kommunistischen Ideen zu. 1964 entsandte ihn die Royal Air Force nach Berlin, wo er in Gatow russische Texte übersetzte, die in der britischen Abhöranlage aufgefangen wurden.

Seine Kontaktaufnahme mit den Sowjets war banal: Als er eines Tages mit dem Zug nach West-Berlin fuhr, warf er auf dem Bahnhof Marienborn einem sowjetischen Wachposten einen Zettel mit einer Nachricht vor die Füße, in der er seine Dienste anbot. Der KGB ließ sich das Angebot nicht entgehen.

Prime spionierte ungefähr vier Jahre lang in Berlin für den KGB, bis er nach Großbritannien zurückversetzt wurde. Seine Dienststelle dort war das Government Communications Headquarters (GCHQ), der britische Funkaufklärungsdienst, wo Prime

Geoffrey Prime spionierte für den KGB bei den Briten.

unvermindert weiter für die Sowjets arbeitete. Wie lange diese Tätigkeit währte, ist nicht genau bekannt, denn obwohl er 1977 aus dem Dienst des GCHQ ausschied, lieferte er wohl noch weiter Informationen aus seinem Wissensfundus.

Prime versorgte den KGB mit ungefähr 500 geheimen Unterlagen. Äußerst schädlich für die westliche Seite war die Enthüllung des Projekts „Sambo“, einem Programm zur Verfolgung der geheimen Funkübertragungen sowjetischer U-Boote.

Zum Verhängnis wurde Prime schließlich nicht seine Spionage, sondern sein Hang zur Pädophilie. 1982 geriet er wegen sexueller Belästigung Minderjähriger ins Visier der britischen Polizei. Bei einer Haussuchung stießen die Ermittler nicht nur auf umfangreiches Beweismaterial, das seine Pädophilie bestätigte, sondern auch auf die Spionageausrüstung. Prime gestand sowohl seine Sexualstraftaten als auch die Spionage und wurde zu 38 Jahren Freiheitsstrafe verurteilt. Der Prozess fand unter Ausschluss der Öffentlichkeit statt, den Medien wurde eine Berichterstattung über seinen Verlauf verboten. Im März 2001 kam er nach Verbüßung der Hälfte seiner Haftstrafe vorzeitig frei.

JAMES HALL UND HÜSEYIN YILDIRIM

James Hall und Hüseyin Yıldırım waren das Dreamteam von KGB und MfS. Das Besondere an diesem Spionagefall war, dass Hall gleichzeitig für zwei östliche Geheimdienste arbeitete, nämlich für den KGB und das MfS.

James Hall verrichtete seine Tätigkeit in der Field Station auf dem Teufelsberg. Eines Tages im Jahre 1982 warf er einen Brief in den Postkasten des sowjetischen Konsulats, in dem er seine Dienste anbot. Sein Motiv dürfte Geldgier gewesen sein. Der KGB ließ sich die Gelegenheit nicht entgehen und nahm ihn in seinen Dienst. Die Geheimdienstler statteten Hall mit einer doppelbödigen Sporttasche aus, in der er Kopien geheimer Dokumente aus der Abhöranlage schmuggelte. Kontrolliert wurde er nie.

Der Zweite des Spionage-Duos war Hüseyin Yıldırım, der in den 1970er-Jahren nach Berlin kam. Zuvor hatte er in Süddeutschland bei Mercedes-Benz als Kfz-Meister gearbeitet und nebenbei eine Vielzahl von Geschäften angefangen: Diamantenhandel, Versicherungsvermittlung, Anlageberatung gehörten dazu. Auf seiner Suche nach neuen Partnern ging er 1979 zur MfS-Zentrale in Ost-Berlin und bot dort frech „Geschäfte" an. Mielkes Männer fanden das Angebot interessant, denn ihr neuer Geschäftspartner arbeitete als KFZ-Meister im Auto Craft Shop, der Selbsthilfewerkstatt für US-Soldaten in den Andrews Barracks in der Lichterfelder Finckensteinallee. Dort kam er mit vielen amerikanischen Armeeangehörigen in Kontakt, unter ihnen auch einige, die an äußerst sicherheitssensiblen Stellen arbeiteten. Wegen seiner charmanten und gewinnenden Art erfreute er sich schnell großer Beliebtheit, sein Spitzname war „The Meister". In der Werkstatt verkehrten auch Soldaten der Einheit, die auf dem Teufelsberg ihren Dienst versah.

Als Hall eines Tages sein Auto in der Selbsthilfewerkstatt reparierte, kam er mit Yıldırım ins Gespräch und ins Geschäft. Von nun an fertigte Hall in der Abhörstation jeweils zwei Kopien der Unterlagen, eine übergab er dem KGB, die andere lieferte er an Yıldırım, der sie an das MfS weitergab. Der Vorteil für Hall lag auf der Hand: Er kassierte in einem Arbeitsgang zweimal. Da Yıldırım ausgesprochen geschäftstüchtig war, schacherte er sehr erfolgreich um die Agentenhonorare, von denen auch Hall profitierte, der die Hälfte des Gewinns einstrich. Pikant war, dass MfS und KGB zunächst nicht wussten, dass sie denselben Spion an der Angel hatten. Als der KGB 1985 von Halls zweitem „Arbeitgeber" erfuhr, forderte man ihn auf, seine Tätigkeit für das MfS einzustellen. Doch Hall entschied sich entgegengesetzt und arbeitete nicht weiter für den KGB, weil ihm der Umgang mit dem Geheimdienst zu umständlich war. Einfacher war es für ihn, die kopierten Dokumente Yıldırım zu übergeben, der alles Weitere erledigte.

Hall und Yıldırım sollen rund 10 000 teilweise hochgeheime Dokumente, wie militärische Angriffs- und Verteidigungspläne, an die andere Seite geliefert haben. Der Chef der für die Auslandsspionage zuständigen HV A, Markus Wolf, sprach beeindruckt von einer „Wunderquelle“.

1985 wurde Hall zu einem neuen Einsatzort beim 205th Intelligence Bataillon in Frankfurt am Main versetzt. Dort spionierte er unbeeindruckt weiter, während Yıldırım weiterhin sein Kurier war. 1987 brach die Verbindung zwischen Hall und Yıldırım ab, weil der Kfz-Spezialist in die USA ging. Hall erhielt mit Manfred Severin einen neuen Führungsoffizier des MfS. Was Hall nicht wusste: Severin war Doppelagent und arbeitete für die CIA. Er verriet seinen Schützling, und nach längeren Ermittlungen gelang es 1988, Hall und Yıldırım der Spionage zu überführen. Bei der Aufarbeitung des Spionagevorgangs stellten die Ermittler fest, dass Yıldırım bereits 1982 unter Spionageverdacht geraten war. Wegen seiner allgemeinen Beliebtheit hatte sich damals aber niemand vorstellen können, dass der Mann für die andere Seite arbeitete.

Auch Hall hatte sich schon früher verdächtig gemacht, da er über seine Verhältnisse lebte. Ein Kollege, dem Hall sein Auto geliehen hatte, fand eines Tages ein dickes Geldbündel auf dem Rücksitz und meldete das seinem Vorgesetzten. Bei anschließenden Befragungen gab Hall an, das Geld von reichen Verwandten seiner Frau erhalten zu haben. Nachgeprüft wurde diese Aussage nicht.

Hall, der sich in seinem Gerichtsprozess geständig zeigte, wurde zu 40 Jahren Haft und 50 000 US-Dollar Geldstrafe verurteilt, gegen Yıldırım, der seine Spionagetätigkeit bis zuletzt bestritt, verhängte das Gericht eine lebenslange Haftstrafe. Hall wurde im September 2011 vorzeitig aus dem Militärgefängnis Fort Leavenworth im US-Bundesstaat Kansas entlassen. Yıldırım lieferten die amerikanischen Justizbehörden im September 2003 auf Initiative von Markus Wolf unter der Bedingung an die Türkei aus, dass er dort seine restliche Strafe absäße. Doch der ehemalige MfS-Spion wurde bald nach seiner Überstellung freigelassen.

James Hall arbeitete in dem in den Andrews Barracks angesiedelten Auto Craft Shop. Zufahrt zu der vom US-Militär genutzten ehemaligen Königlich Preußischen Hauptkadettenanstalt

JEFFREY CARNEY

Ein weiterer Top-Spion war Jeffrey Carney, der in der Abhörstation Marienfelde seinen Dienst versah. Carney litt seit seiner Jugend unter Depressionen, die nicht nur auf die zerrüttete Ehe seiner Eltern, sondern auch auf seine Homosexualität zurückzuführen waren, mit der er nicht klarkam. Im Alter von 17 Jahren trat er in die US Air Force ein. Seine psychische Situation verschlimmerte sich, da er seine Homosexualität, die in der Armee verpönt war, verbergen musste.

Carney hatte schon in seiner Kindheit eine Vorliebe für Deutschland entwickelt und die deutsche Sprache erlernt. Seine erste Arbeitsstelle bei der Armee war deshalb nicht ohne Grund Berlin, wo er als Angehöriger der 6912th Electronic Security Group auf dem Flughafen Tempelhof und in der Radaranlage Marienfelde eingesetzt wurde. Dort übersetzte er deutsche Texte ins Amerikanische und gelangte so an geheime Dokumente.

Im Jahre 1982 oder 1983 – es werden hierzu unterschiedliche Angaben gemacht – lief er eines Tages in angetrunkenem Zustand zum Checkpoint Charlie und erklärte den Grenzposten,

dass er in die DDR übersiedeln wolle. Ausschlaggebend hierfür war eine heftige Zurechtweisung seines Vorgesetzten wegen eines Fehlers, aber auch seine labile psychische Situation dürfte für seinen Entschluss mitverantwortlich gewesen sein. Die Grenzposten prüften seine Papiere, und als sie erkannten, wen sie vor sich hatten, alarmierten sie das MfS. Mielkes Geheimdienstler sahen schnell den Wert ihrer neuen Quelle und verpflichteten Carney als Inoffiziellen Mitarbeiter unter dem Decknamen „Kid“.

Von nun an fotografierte er unzählige geheime Unterlagen mit einem Fotoapparat, den er vom MfS erhalten hatte. Die Filme schaffte er in einer präparierten Thermoskanne aus der Radarstation. Seine Führungsoffiziere wollten nicht glauben, dass die Sicherheitsanforderungen der Amerikaner so lax waren, dass Carney ohne Weiteres an hochsensible Papiere gelangen konnte, die in der Abhörstation offen auf den Schreibtischen herumlagen. Die Treffen zur Übergabe der Unterlagen fanden im abgelegenen West-Berliner Ortsteil Eiskeller statt. Dieser Flecken war damals eine West-Berliner Exklave auf DDR-Gebiet, kaum bewohnt und besonders gut für Treffen mit seinen Führungsoffizieren geeignet, weil man dort geschützt vor unliebsamen Beobachtern war.

1984 wurde Carney routinemäßig zurück in die USA versetzt, wo er von nun an als Ausbilder auf dem Luftwaffenstützpunkt San Angelo in Texas arbeitete. An seinem letzten Arbeitstag in Berlin schmuggelte er in seiner Unterhose noch eine größere Anzahl kopierter Dokumente aus der Radarstation. In den USA arbeitete er weiter für das MfS, konnte aber keine interessanten Dokumente mehr liefern.

Seine Depressionen nahmen im Laufe der Zeit zu, denn die Bemühungen, seine Homosexualität geheim zu halten, belasteten ihn sehr. Um seiner Situation zu entkommen, entschloss er sich 1985, in die DDR überzusiedeln. Er flog nach Mexiko-City und suchte die Botschaft der DDR auf. Dort ging man auf sein Anliegen ein und schaffte ihn über Havanna nach Ost-Berlin, wo er vom MfS eine Wohnung und eine neue Identität erhielt. Von nun an lebte er als DDR-Bürger unter dem Namen Jens Karney. Eigentlich wollte sich Carney in der DDR von seiner Spionagetätigkeit lossagen, doch das MfS ließ das nicht zu und beschäftigte ihn mit der Auswertung abgehörter Telefonate, unter anderem solcher des

Der Flughafen Tempelhof, an dem Jeffrey Carney unter anderem tätig war, um 1965. Im Vordergrund das Luftbrückendenkmal amerikanischen Stadtkommandanten in Berlin. Eine seiner Aufgaben bestand darin, aus den privaten Telefonaten herauszuhören, welche weiblichen Besatzungsangehörigen in West-Berlin sich eigneten, um in eine „Romeo-Affäre" verwickelt zu werden. Mit dieser Methode hatte das MfS bereits mehrere einsame Mitarbeiterinnen sicherheitsrelevanter Einrichtungen in der Bundesrepublik anwerben können, indem MfS-Agenten gezielt Liebesverhältnisse mit ihnen eingegangen waren und sie für sich arbeiten ließen. Carneys Arbeit schätzte man in der DDR so hoch ein, dass er am 22. November 1985 für seine Verdienste die Medaille der Waffenbrüderschaft in Gold erhielt.

Nach der Wende war Carney, der nun einen bundesdeutschen Personalauswies hatte, auf sich allein gestellt. Er arbeitete von da an als U-Bahn-Fahrer bei der BVG. Unbestätigten Berichten zufolge verrieten Stasi-Überläufer US-Geheimdiensten, wo sich Carney aufhielt. Am 22. April 1991 entführten ihn daraufhin Agenten des US-Geheimdienstes United States Air Force Office of Special Investigations auf offener Straße in der Nähe seiner Wohnung in Berlin-Friedrichshain. Er wurde über den Flughafen Tempelhof und die Ramstein Air Base in die USA verschleppt und dort angeklagt. Über die Aktion waren deutsche Stellen nicht informiert worden. Carney wurde in dem auf seinen Wunsch nicht öffentlich geführten Verfahren zu 38 Jahren Haft verurteilt.

Carney wurde für seine Verdienste mit der Medaille der Waffenbrüderschaft in Gold ausgezeichnet.

Erst nachdem deutsche Medien über den Fall berichtet hatten, übergab die Bundesregierung im US-Außenministerium eine Protestnote gegen die „gewaltsame Rückführung" Carneys.

Der durch seine Spionagetätigkeit entstandene Schaden bezifferte sich nach späteren Schätzungen auf 14,5 Milliarden US-Dollar.

DER SPION, DER AUS DER KÄLTE KAM

Der Überläufer Werner Stiller

Es war ein Paukenschlag, als im Jahre 1986 in der Bundesrepublik die Memoiren von Oberleutnant des MfS Werner Stiller erschienen, in denen er seine Tätigkeit als Führungsoffizier der HV A detailliert schildert und erzählt, wie er zum BND übergelaufen ist.

Will man ihm glauben, trat er im Jahre 1972 nicht aus Überzeugung als hauptamtlicher Mitarbeiter in den Dienst des MfS ein, sondern einzig und allein aus dem Grund, sich bei einem Einsatz in der Bundesrepublik dorthin abzusetzen. Auch wenn man wohl nicht alles für bare Münze halten kann, was er schreibt, bietet sein Buch doch aufschlussreiche Einblicke in das Innere des MfS. Demnach arbeitete die HV A lange nicht so professionell, wie man meint. Stiller charakterisiert seine Kollegen als teilweise nicht ideologiefest, er schildert verpatzte Einsätze, erzählt, wie Inoffizielle Mitarbeiter beauftragt wurden, statt Informationen in der Bundesrepublik zu sammeln, Sex-Artikel zu beschaffen, und er wusste auch von übermäßigem Alkoholkonsum im Ministerium.

Stiller war studierter Physiker und arbeitete im Sektor Wissenschaft und Technik der HV A (SWT). 1974 traf er für sich die Entscheidung, zum BND überzulaufen. Allerdings blieb es zunächst bei dem Entschluss, den nicht einmal seine Familie kennen durfte. Um seinen geplanten Übertritt vorzubereiten, sammelte er Informationen, von denen er annahm, dass der BND sich für sie interessieren würde. Zum Beispiel schrieb er eines Nachts, als er Telefondienst in der MfS-Zentrale hatte, die dort hinterlegten Namen und privaten Telefonnummern von Mitarbeitern auf, um sie irgendwann an den BND weiterzuleiten. Die geheimen Papiere versteckte er in der Zwischendecke einer konspirativen Wohnung, die nur von ihm genutzt wurde, sodass die Gefahr einer Entdeckung gering war.

Zu einem ersten Kontakt mit dem BND kam es im April 1976. Wie er zustande kam, schreibt Stiller nicht, denn er wollte nicht die Arbeitsweisen des BND offenlegen und dadurch Mitarbeiter des Dienstes in der DDR gefährden. Das ist verständlich, denn als das Buch erschien, war die Ost-/Westspionage noch in vollem Gange. Zunächst waren beide Seiten äußerst misstrauisch. Stiller konnte sich nicht sicher sein, dass beim BND nicht ein Maulwurf des MfS platziert war, der ihn verraten würde. Der BND wiederum wusste nicht, ob Stiller möglicherweise vom MfS gesteuert wurde, um Arbeitsweisen des Dienstes auszuspionieren und Agenten in der DDR zu enttarnen.

Der erste persönliche Kontakt zwischen Stiller und dem BND fand im September 1976 statt, und zwar auf einer Toilette. Stiller hielt sich zu diesem Zeitpunkt in Zagreb auf, um sich dort mit einem seiner Westagenten zu treffen. Zuvor hatte er den BND auf geheimen Wegen über seine Reise informiert. Kaum hatte er sein Hotel in Zagreb betreten, nahm er Kurs auf die Toilette. Es dauerte nur wenige Augenblicke, bis dort ein Mann auftauchte und ihn auf Bayerisch mit Namen begrüßte. Da Stiller mit seinem Vorgesetzten gereist war, der in der Hotellobby auf ihn wartete, durfte das Treffen nur wenige Minuten dauern, um nicht aufzufallen. In aller Eile besprachen die beiden das weitere Prozedere. Der BND-Mann versprach, Stiller eine Fotoausrüstung zukommen zu lassen, die in einem toten Briefkasten deponiert werden sollte.

Einige Wochen später war die vom BND avisierte Lieferung da: eine Minikamera, die in ein Feuerzeug eingebaut war, sowie zwei Schraubenzieher mit Hohlräumen als Transportbehälter für die Filme. In der folgenden Zeit fotografierte Stiller heimlich alles, was ihm in seiner Dienststelle vor die Linse kam. Bis zu 200 Aufnahmen waren es pro Lieferung, die er in den Schraubenziehern verpackt in toten Briefkästen hinterlegte. Aber Stiller war unzufrieden, denn er wollte einen ständigen persönlichen Kontakt mit dem BND. Den Treffort mit seinen Agentenführern hatte er raffiniert ausgeklügelt: Er wollte sie in die Höhle des Löwen führen, und zwar in seine konspirative Wohnung. Sie schien ihm sicher zu sein, da sich kein anderer Kollege dorthin verirrte und er sich in den Räumen ungestört mit den BND-Leuten unterhalten konnte. In Pullach hielt man ihn zunächst für verrückt und lehnte den Vorschlag kategorisch ab. Dann jedoch prüfte man die Idee doch etwas gründlicher und kam zu dem Schluss, dass sie durchaus etwas für sich hatte. Und so kam es tatsächlich im Februar 1977 zu einem Treffen mit einem BND-Mitarbeiter in der Wohnung, der mit Stiller die weitere Zusammenarbeit besprach.

Von nun an kam es häufiger zu Treffen zwischen Stiller und den BND-Leuten. In einem dieser Gespräche baten ihn die bundesdeutschen Nachrichtendienstler herauszufinden, warum auf einen Schlag eine große Zahl an Spionen des BND in der DDR festgenommen worden war. Stiller gelang es zu ermitteln, dass seine Kollegen systematisch die Kennzeichen von Kraftfahrzeugen erfasst hatten, die an Militärobjekten vorbeifuhren. Anschließend filterten die Geheimdienstler mithilfe einer EDV-gestützten Rasterfahndung die Kennzeichen der Fahrzeuge heraus, die an verschiedenen Objekten gesehen worden waren. Diese Fahrzeuge wurden dann observiert und die Halter überprüft. So war es nicht sonderlich kompliziert, den BND-Spionen auf die Schliche zu kommen.

Werner Stiller lieferte dem BND wichtige Informationen über das MfS.

Stillers Agententätigkeit geriet allerdings schon bald in Gefahr aufzufliegen, denn es gab zunehmend Probleme, die den BND erwägen ließen, ihn abzuziehen. Die Schwierigkeiten begannen am 11. Januar 1978, als er in Oberhof im Hotel Panorama logierte, wo er mit einem seiner Spitzel verabredet war. Am Abend saß er an der Bar und kam mit einer Frau ins Gespräch. Das Feuerzeug mit der Minikamera lag vor ihm auf dem Tresen. Nach einem Gang zur Toilette war es verschwunden. Als Stiller die Frau, die er in seinem Buch Helga nennt, die aber tatsächlich Uschi Mischnowski hieß, danach fragte, zog sie mit schlechtem Gewissen die Einzelteile aus ihrer Handtasche und gestand, dass sie beim Spielen mit dem Feuerzeug versehentlich den Mechanismus ausgelöst hatte, der die Kamera zum Vorschein brachte. Daraufhin erzählte Stiller ihr von seiner Tätigkeit für den BND. Das nächste Problem folgte auf dem Fuße: Stiller fuhr Helga nach Hause und wurde dabei zufällig von einem ihm bekannten KGB-Mitarbeiter erkannt. Dieser sprach ihn einige Tage später in Anwesenheit seines Vorgesetzten darauf an, wer die Frau gewesen sei. Stiller machte Ausflüchte und verstrickte sich in Widersprüche. Da seine privaten Kontakte für seinen Dienstherrn von Interesse waren, setzte nun die Maschinerie des MfS ein. Stiller musste einen Bericht schreiben und wurde von seinen Vorgesetzten befragt. Da er jetzt befürchtete, über kurz oder lang enttarnt zu werden, wollte er sich so schnell wie

möglich in die Bundesrepublik absetzen. Vom BND hatte er für diesen Fall gefälschte Personalpapiere erhalten, die ihm eine Ausreise ermöglichten. Zuvor wollte er jedoch die in der konspirativen Wohnung versteckten Unterlagen holen, die er mitnehmen wollte. Doch ausnahmsweise war die Wohnung von einem Kollegen belegt. Weil er nicht ohne die Papiere in die Bundesrepublik überwechseln wollte, verschob er seine Flucht und setzte seine Spionagetätigkeit zunächst fort. Dann aber folgten weitere Missgeschicke: Der Radioempfänger, mit dem er die verschlüsselten Botschaften des BND empfing, fiel vom Tisch und ging entzwei. Bald darauf überraschte ihn sein Vorgesetzter, als er geheime Unterlagen kopierte.

Im Hotel Panorama in Oberhof lernte Werner Stiller Uschi Mischnowski kennen.

Der Mann beäugte ihn misstrauisch, sagte aber nichts. Wenig später erwischte ihn die Polizei mit Helga, mit der er inzwischen eine Beziehung eingegangen war, am Badestrand in einem militärischen Sperrgebiet. Stiller befürchtete einen Bericht der Polizei über sein verbotswidriges Verhalten an seine Vorgesetzten und sah die ernsthafte Gefahr, nach internen Untersuchungen enttarnt zu werden. Doch wie durch ein Wunder geschah wiederum nichts.

Am 27. September 1978 flogen Stiller und sein Vorgesetzter zu einem Treffen mit einem Inoffiziellen Mitarbeiter nach Helsinki. Ihr Gesprächspartner war äußerst besorgt, weil kurz zuvor ein rumänischer Geheimdienstgeneral in die Bundesrepublik geflüchtet war. Stillers Spion befürchtete, ein MfS-Mitarbeiter könne es ihm nachtun, in die Bundesrepublik fliehen und ihn dort verraten. Stiller und sein Vorgesetzter beruhigten ihren Spitzel im Brustton tiefster Überzeugung, dass ein Übertritt eines MfS-Mitarbeiters völlig unrealistisch sei. Während dieser Reise kam es auch zu einer Zusammenkunft mit BND-Vertretern, die Stiller klipp und klar zu verstehen gaben, dass er so schnell wie möglich in die Bundesrepublik geschafft werden müsse. Seine Gefährdung habe derart zugenommen, dass ein längeres Verweilen in der DDR nicht mehr zu verantworten sei. Am liebsten hätten sie ihn sofort mit seinem Diplomatenpass, den ihm der BND verschafft hatte, mitgenommen. Stiller weigerte sich jedoch, denn er wollte nicht ohne Helga und deren Sohn überwechseln. Also versprach man ihm, die beiden gemeinsam mit ihm auszuschleusen.

In den folgenden Wochen wurde das Verfahren zum Wechsel in die Bundesrepublik festgelegt, der 15. Dezember 1978 sollte der „Tag X" sein. Verabredet war, dass Helga und ihr Sohn in die konspirative Wohnung kämen, wo sie sich zu dritt den BND-Schleusern anvertrauen sollten. Der weitere Verlauf der Geschichte gleicht einem Thriller: Am Stichtag wartete Stiller zur verabredeten Zeit um 15:00 Uhr in der Wohnung auf Helga und ihren Sohn, die mit dem Auto von Oberhof nach Berlin fahren wollten. Sie durften nicht zu spät kommen, da die Schleusung zu einem festen Zeitpunkt stattfinden musste, der nicht überschritten werden durfte. Doch die beiden kamen nicht, und Stiller wurde von Minute zu Minute unruhiger. Um 18:00 Uhr meldete sich Helga telefonisch und erzählte, dass sie mit einer Autopanne liegen geblieben war.

Antragskarte auf Ausreise aus der DDR. Ein Fehler beim Ausfüllen hätte Stillers Übertritt in den Westen beinahe vereitelt.

Nun wurde der 18. Januar 1979 als Tag des Übertritts ausgemacht. Einen Tag später sollten Helga und ihr Sohn aus der DDR herausgeholt werden. Stiller war jetzt auf sich allein gestellt. Er wollte mit seinem gefälschten Pass ausreisen, was aber nur mit einer gültigen Ausreisekarte möglich war, die er jedoch nicht hatte. Die Karte, die er vom BND erhalten hatte, trug das Datum 15. Dezember und war damit abgelaufen. Ohne eine Idee, wie er ohne Ausreisekarte in den Westen gelangen konnte, wollte er dennoch die Flucht wagen.

Am Tag des geplanten Übertritts wollte Stiller dem BND einen letzten Dienst erweisen und den Aktenschrank seines Abteilungsleiters ausräumen. Zu diesem Zweck hatte er Wochen zuvor bei einem Büroumzug seines Chefs heimlich Wachsabdrücke der Schrankschlüssel angefertigt, mit deren Hilfe der BND Nachschlüssel hergestellt hatte. Stiller schlich sich am Abend, als niemand mehr in den Diensträumen war, ins Büro seines Abteilungsleiters, den Zimmerschlüssel hatte er sich aus dem

Antrag auf Ausreise aus der DDR
Bitte in Blockschrift ausfüllen (Rückseite beachten)
1 2 3 4
Familienname: Geburtsname: Vorname:
männlich weiblich*
Personenkennzahl (PKZ)** Geburtsort:
Postleitzahl: Wohnort/Kreis: Straße/Nr.:
Erlernter Beruf: Letzte / jetzige Tätigkeit:* Familienstand:
Letzte / jetzige Arbeitsstelle und Anschrift:*
Staatsbürgerschaft: DDR / Bei Reise mit Kfz. Angabe des polizeil. Kennzeichens: Grenzübergangsstelle:
Mitreisende Kinder bis 14 Jahre (Vorname und Geburtsdatum): Nr. des Personalausweises:
Beabsichtigte Dauer der Reise: vom: bis: Wieviel Tage: einmalig / mehrmalig* dienstlich / privat
Letzte Reise nach anderen Staaten oder Westberlin: wann: wohin:
* Nichtzutreffendes streichen
** PKZ dem Personalausweis entnehmen; wenn nicht vorhanden Geburtsdatum eintragen

Schlüsselkasten verschafft. Der Schlüssel passte jedoch nicht, sodass er sein Vorhaben aufgeben musste. Stattdessen fielen ihm im Vorzimmer Formulare für Sonderausweise zum Betreten des Grenzgebietes in die Hände, mit denen MfS-Mitarbeiter eine besondere Schleusungspforte auf dem Bahnhof Friedrichstraße, die nur für sie zugänglich war, passieren konnten, um auf die Bahnsteige zu gelangen, von denen die S- und U-Bahnzüge nach West-Berlin fuhren. Er füllte ein Formular aus und fälschte die Unterschrift desjenigen, der die Sonderausweise abzeichnen durfte. Als Grund für das Betreten des Westteils des Bahnhofs gab er an: „Eigene operative Arbeit“. Dann machte er sich auf den Weg zur Friedrichstraße, einen Aktenkoffer mit gestohlenen Unterlagen in der Hand. Dort ging er durch die Tür mit der Aufschrift „Diensteingang, Zutritt nur für Angehörige der Deutschen Reichsbahn“ und gelangte in den Raum, in dem die Ausweispapiere kontrolliert wurden. Der Diensthabende betrachtete die Papiere und meinte: „Und du glaubst, dass der Dienstauftrag ordnungsgemäß ausgefüllt ist?“ Stiller stockte der Atem, und er glaubte schon alles verloren. Es stellte sich heraus, dass seit 1. Januar eine neue Dienstanweisung galt, die vorschrieb, dass der Grund des Passierens der Schleuse hätte lauten müssen: „Eigene operative

Mit Stillers Hilfe gelang es, HV-A-Chef Markus Wolf auf einem Foto zu identifizieren. Hier bei einer Rede auf dem Alexanderplatz am 4. November 1989

Arbeit (Gepäckschleuse)". Der Klammerzusatz fehlte jedoch. Stiller machte für den Fehler die Sekretärin des Abteilungsleiters verantwortlich, danach ließ ihn der Grenzer großzügigerweise passieren. Bange Minuten vergingen dann noch auf dem von der West-Berliner BVG betriebenen U-Bahnsteig, der durch das MfS kameraüberwacht wurde. Endlich fuhr ein Zug ein, der Stiller nach West-Berlin brachte, wo ihn ein Mitarbeiter des Berliner Verfassungsschutzes in seine Obhut nahm. Helga und ihr Sohn folgten am nächsten Tag.

Nach seinem Übertritt wurde Stiller mehr als ein Jahr lang vom BND befragt. In seinem Aktenkoffer hatte er eine Fülle von Akten und Mikrofilmen mitgebracht – ungefähr 20 000 Seiten soll das Konvolut umfasst haben –, die nun ausgewertet wurden. Für seine Informationen soll er 400 000 DM vom BND erhalten haben. Aufgrund seiner Aussagen konnten rund 50 MfS-Spione enttarnt werden, neun wurden festgenommen, den anderen gelang es, sich in die DDR abzusetzen.

Für großes Aufsehen bei westlichen Geheimdiensten sorgte die Identifizierung von HV-A-Chef Markus Wolf auf einem Foto, das Stiller vorgelegt wurde. Bis dahin hatte man im Westen keine Vorstellung vom aktuellen Aussehen Wolfs, denn es existierten nur alte Bilder von ihm. Das Foto zeigte Wolf mit seiner Ehefrau bei einer Einkaufstour in Schweden, wo das Paar Möbel erstanden und Wolf bei der Gelegenheit auch Porno-Shops besucht hatte. Der vielfach gerühmte Star-Spion der DDR war so unvorsichtig gewesen, mit einem falschen Diplomatenpass nach Schweden einzureisen, in dem er sich auch noch einen ebenso falschen Doktortitel zugelegt hatte. Das hatte die Neugier westlicher Geheimdienste geweckt, die ihn observierten und die Fotos schossen.

1981 begann für Stiller unter dem Namen Klaus-Peter Fischer ein zweites Leben. Mit Unterstützung der CIA absolvierte er ein Wirtschaftsstudium in den USA und arbeitete von 1983 bis 1990 als Investmentbanker bei Goldman Sachs in New York und London. Bis zum Ende der DDR versuchten Fahnder des MfS, ihn im Westen ausfindig zu machen. Ziel war es, ihn in die DDR zu entführen und dort zum Tode zu verurteilen oder ihn gleich im westlichen Ausland zu liquidieren. Auf seinen Kopf war eine Prämie von 1 000 000 DM ausgesetzt.

Stiller starb 2016 in Budapest.

VERGIFTETE BOULETTEN

Drei Mordversuche des MfS an dem Fluchthelfer Wolfgang Welsch

Drei Mordanschläge ließ das MfS auf den Fluchthelfer Wolfgang Welsch verüben.

Der 1944 geborene Wolfgang Welsch, der in Ost-Berlin aufwuchs, war schon in seiner Jugend ein engagierter Kritiker des DDR-Regimes. Mehrmals saß er wegen politischer Straftaten in Haft. In seinem autobiografischen Roman *Der Stich des Skorpion. Ich war Staatsfeind Nr. 1* schildert er die Misshandlungen und Folterungen während der Haft sehr drastisch. Seinen Angaben zufolge wurde er unter anderem acht Tage und Nächte lang nur mit Unterwäsche bekleidet in einer „Eiszelle" bei Frostgraden gefangen gehalten, und sogar von einer Scheinhinrichtung berichtet er.

Nachdem Welsch im Jahre 1971 von der Bundesregierung freigekauft worden war, baute er eine Fluchthilfeorganisation auf, die, wie er angibt, im Laufe der Zeit ungefähr 220 Menschen aus der DDR herausbrachte. Welsch legte Wert darauf, Personen mit gut qualifizierten Berufen auszuschleusen, um so der DDR möglichst großen Schaden zuzufügen. Die Fluchtrouten führten zunächst über Bulgarien und Rumänien, von wo aus die Flüchtlinge, ausgestattet mit bundesdeutschen Pässen, in die Bundesrepublik gebracht wurden. Bei den Rohlingen der Ausweisdokumente soll es sich um echte Formulare gehandelt haben, die Welsch über verschlungene Wege von bundesdeutschen Behörden erhalten haben will und in die ein Fälscher professionell die Daten der Flüchtlinge einfügte. Später erfolgten die Fluchten entweder in Diplomatenwagen, die an der Grenze nicht kontrolliert wurden – ein arabischer Diplomat fuhr die Flüchtlinge gegen Honorar von Ost- nach West-Berlin –, oder die Menschen wurden in Hohlräumen umgebauter Pkw über die Transitstrecke oder auch in einem Viehtransporter von Ungarn über Österreich in die Bundesrepublik gebracht.

Um dem Fluchthelfer Welsch beizukommen, initiierte das MfS die „Operation Skorpion". In einem internen Bericht heißt es: „Das Ziel operativer Kampfmaßnahmen gegen die KMHB (Anm.: kriminelle Menschenhändlerbande) Welsch ist mit deren Vernichtung klar definiert. Erreicht wird es durch koordinierte Heranführung

eines IM (Anm.: Inoffizieller Mitarbeiter) an diese Organisation mit dem Ziel, sie zu lähmen, sie zu zerstören und den Leiter zu eliminieren.“ Der Inoffizielle Mitarbeiter, der an Welsch herangespielt werden sollte, war Peter Haack, Deckname „Alfons“.

Das erste Zusammentreffen mit Welsch war von Haack geschickt eingefädelt worden: Als Welsch eines Tages während eines Urlaubs in Griechenland in einer Taverne beim Essen saß, kam er mit einem Deutschen am Nebentisch ins Gespräch, der sich als Peter Haack vorstellte. Der Mann erzählte, dass er als Fotograf in London lebe. Aus diesem Kontakt entstand zunächst eine lockere Bekanntschaft, die sich bald zu einer engen Freundschaft entwickelte. Als zum Beispiel eine Steckdose in Welschs Haus nicht funktionierte, bat er Haack um Hilfe. Der kam sofort, reparierte bereitwillig die Dose und installierte bei dieser Gelegenheit heimlich ein Mikrofon.

1979 erhielt Haack den Auftrag des MfS, in Welschs Auto eine Bombe zu platzieren, durch die der Fluchthelfer getötet werden sollte. Zunächst lief alles planmäßig, Haack versteckte die Bombe in dem Fahrzeug. Sie ging hoch, als Welsch gerade mit 140 Stundenkilometern über die Autobahn fuhr. Das Auto wurde völlig zerstört, Welsch schwer verletzt, aber er überlebte. Bei der Untersuchung des Unfalls kam niemand auf die Idee, dass es sich um einen Anschlag gehandelt haben könnte. Die Polizei, die das Auto untersuchte, vermutete einen Kabelbrand.

Nun erhielt Haack einen neuen Mordauftrag. Er sollte Welsch unter einem Vorwand nach Großbritannien locken, wo er von einem Heckenschützen aus dem Hinterhalt erschossen werden sollte. Die Aktion wurde minutiös geplant. Haack wusste, dass sich Welsch für antike Möbel interessierte. In einem kleinen Ort in Kent, so erzählte er seinem arglosen Freund, gebe es ein Antiquitätengeschäft mit erlesenen Möbeln, in dem sich Welsch einmal umsehen solle. Der sprang auf den Vorschlag an, Haack mietete einen Transporter, und beide machten sich auf den Weg nach Kent. Zuvor hatte Haack mit seinen Auftraggebern abgesprochen, welchen Weg er nehmen und wann genau er an der Stelle vorbeifahren würde, an der der Heckenschütze lauerte. Es lief alles wie geplant: Das Auto passierte zum vereinbarten Zeitpunkt den Schützen, der schoss, die Kugel durchschlug die Windschutzscheibe, verfehlte allerdings Welsch, der sich genau in dem Augenblick, als der Schuss fiel, bückte, um seine heruntergefallene Pfeife vom Boden des Fahrzeugs aufzuheben. Nach dem Anschlag versuchte Haack, seinen Freund davon zu überzeugen, dass ein Steinschlag die Windschutzscheibe zerstört habe. Diese Theorie konnte Welsch schnell widerlegen, denn er fand eine Kugel in der Rückseite der Fahrerkabine. Nun meinte Haack, es sei wohl das fehlgeleitete Geschoss eines Hobbyschützen gewesen, das den Wagen getroffen habe. An einen Anschlag wollte Welsch auch dieses Mal nicht glauben. Übrigens war ein Telefonat, das Haack mit seinen Auftraggebern vom MfS kurz vor der Überfahrt nach Großbritannien von Calais aus geführt hatte und in dem die letzten Einzelheiten besprochen worden waren, vom französischen Geheimdienst SDECE mitgehört worden. Die Geheimdienstler konnten an dem Gespräch aber nichts Verdächtiges finden.

Nachdem auch der zweite Mordanschlag fehlgegangen war, plante das MfS sofort einen dritten, der an Hinterhältigkeit kaum zu überbieten war: Man wollte Welsch mit Thallium töten. Dieses Gift ist geschmacklos, schwer nachweisbar und absolut tödlich. Der Mordanschlag sollte in Israel stattfinden, weil wohl niemand auf die Idee gekommen wäre, dass das MfS hier gegen Bundesbürger vorgehen würde. Haack organisierte für sich, seine Freundin Susan – angeblich eine Amerikanerin, tatsächlich aber auch eine Mitarbeiterin des MfS – und die Familie Welsch eine Rundreise mit einem Wohnmobil durch das Land. Dass das Fahrzeug, das Haack angeblich bei einer israelischen Autovermietung besorgt hatte, ein bundesdeutsches Kennzeichen trug und der Mietvertrag von dem angeblich israelischen Mitarbeiter in Deutsch ausgefüllt wurde, machte Welsch ebenso wenig stutzig wie das merkwürdige Verhalten von Susan, die sich ihrem Freund Haack gegenüber sehr distanziert zeigte und kaum ein Wort von sich gab.

Am 21. Juli 1981 briet Haack für die Reisegesellschaft Bouletten, die er mit Thallium vergiftete. Dass auch Welschs Frau und Tochter durch die Mahlzeit getötet werden konnten, hatte das MfS einkalkuliert. In seinem Buch schreibt Welsch, Haacks Führungsoffizier Heinz Fiedler habe dazu gesagt: „Das ist egal, das nehmen wir in Kauf."

Während Haack und Susan nichts von den Bouletten zu sich nahmen und Welschs Tochter lieber spielen als essen wollte, langten Welsch und seine Ehefrau tüchtig zu.

Die Symptome der Vergiftung zeigten sich zuerst bei Frau Welsch, die sich kurz nach der Mahlzeit übergeben musste. Bei Welsch selbst traten die Anzeichen der Vergiftung erst einige Tage später auf, als er ein Kribbeln in den Beinen verspürte. Es folgten immer stärker werdende Schmerzen und zunehmende Bewegungsunfähigkeit. Israelische Ärzte konnten sich die Krankheit nicht erklären. Nach Deutschland zurückgekehrt, ließ sich Welsch sofort in eine Klinik aufnehmen. Aber auch dort konnten die Ärzte keine Krankheit diagnostizieren. Sie meinten, die Beschwerden seien psychisch bedingt, und entließen ihren Patienten bald wieder nach Hause. Eine toxikologische Untersuchung stand allerdings noch aus. Als deren Ergebnis bekannt wurde, waren die Ärzte auf das Höchste alarmiert, denn nun war klar, dass Welsch Thallium im Körper hatte und in akuter Lebensgefahr schwebte.

Dramatisch schildert Welsch, wie er in einem Rettungswagen mit Blaulicht und Sirene zurück ins Krankenhaus transportiert wurde, wo schon ein Ärzteteam mit einem Gegenmittel bereitstand. Das Mittel wirkte, und Welsch genas.

In Gesprächen mit seinen Ärzten rekonstruierte Welsch, wie das Gift in seinen Körper gelangt war. Sie kamen zu dem richtigen Schluss, dass er es nur mit den Bouletten aufgenommen haben konnte. Da das Fleisch in einem Supermarkt gekauft worden war, vermutete Welsch, die PLO habe es vergiftet, um den verhassten Juden zu schaden. In dem Gespräch mit seinem Arzt erfuhr Welsch, dass man in seinem Körper 3,8 Milligramm Thallium gefunden habe. Bereits eine Dosis von 0,2 Milligramm ist tödlich. Dass er überlebt hatte, war dem Umstand zu verdanken, dass er wegen der Hitze sehr viel getrunken hatte. Seine Frau war deshalb nicht ums Leben gekommen, weil sie das Gift sofort wieder

erbrochen hatte, und seine Tochter, die wegen ihres Spieldrangs kaum von den Bouletten gegessen hatte, war wegen der geringen Dosis von Symptomen verschont geblieben.

Haack, auf den immer noch kein Verdacht fiel, verabschiedete sich nach dem Urlaub urplötzlich und verschwand. Nur noch eine Ansichtskarte aus Argentinien erhielt Welsch, in der Haack schrieb, es ginge ihm schlecht. Welsch zog daraus den Schluss, auch Haack sei vergiftet worden.

Nach der Wende stellte sich heraus, dass Haack mit einer neuen Identität in Baden-Württemberg lebte. Er wurde 1994 verhaftet und zu sechseinhalb Jahren Freiheitsstrafe verurteilt. Sein Führungsoffizier Heinz Fiedler erhängte sich am 15. Dezember 1993 in der Untersuchungshaftanstalt Berlin-Moabit. Aus seiner Stasi-Akte erfuhr Welsch, dass seine Frau ihn jahrelang im Auftrag des MfS bespitzelt hatte.

Nur knapp entkam Welsch dem Tod durch mit Thallium vergiftete Bouletten.

BERND MOLDENHAUER

Ein missglückter Werbeversuch des MfS

Bernd Moldenhauer war ein fanatischer Hasser des DDR-Regimes. Der Baufacharbeiter hatte die Haft in der DDR kennengelernt, nachdem er 1972 wegen versuchter Republikflucht verurteilt worden war. Nach seiner Freilassung und Übersiedlung in die Bundesrepublik agitierte er von dort aus aggressiv gegen die DDR. Unter anderem mauerte er den Eingang zum Aeroflot-Büro in West-Berlin zu, im Sommer 1980 plante er, an der Bernauer Straße in Berlin mehrere Hundert Meter der Mauer wegzusprengen. Natürlich erweckten seine „Hetzprovokationen" die Aufmerksamkeit des MfS. Deshalb legte man dort den Operativvorgang „Kontakt" an, um Moldenhauer zu liquidieren.

Bei seinen Planungen stieß das MfS auf den West-Berliner Studenten Dietmar P., der an Moldenhauer herangespielt werden sollte. Die beiden hatten sich auf einer politischen Diskussionsveranstaltung kennengelernt, pflegten allerdings keinen Kontakt, was das MfS nicht wusste. Wie die DDR-Geheimdienstler auf den Studenten aufmerksam geworden waren, erschließt sich aus dem zu seiner Person angelegten Vorgang der Bezirksverwaltung Frankfurt/Oder mit der Nummer V 549/77 nicht. Möglicherweise ist Mielkes Geheimdienstmitarbeitern das Telefonbuch Moldenhauers in die Hände gefallen, in das er im Anschluss an die Veranstaltung P.s Nummer notiert hatte.

Um Dietmar P. zu werben, klärte das MfS im Jahre 1977 ihn und sein Umfeld ab. Weder die Ermittlungen noch deren Ergebnisse waren ein Ruhmesblatt für die Spione. Das MfS ging davon aus, dass Dietmar P. Mitglied der Notgemeinschaft Freier Berliner war und dort Kontakt zu Moldenhauer hielt. Tatsächlich hatte P. noch nie von dieser Organisation gehört, geschweige denn, dass er deren Mitglied war. In einem Ermittlungsbericht vom 18. August 1977 heißt es über den potenziellen Inoffiziellen Mitarbeiter: „In seiner politischen Haltung vertritt er die in West-Berlin üblichen bürgerlichen Denk- und Verhaltensweisen. In diesem Sinne wird er auch positiv eingeschätzt. (…) Im Wohngebiet wird P. sehr gut beleumundet. Er ist ein von seinen Eltern sehr gut erzogener, aufrichtiger und fleißiger Bürger." Die Eltern beschreibt der Bericht als „stets freundlich sowie gepflegt und modern gekleidet". Der Vater, ein Arzt, sei eine Kapazität auf seinem Gebiet und halte Vorträge auf Kongressen. Tatsächlich war der Vater Unfallchirurg mit einer Praxis in Neukölln und hielt mitunter Referate in Seminaren der Berufsgenossenschaften. Dass der Bericht recht schlampig verfasst wurde, zeigt auch, dass der Vorname des Studenten mal als Dietmar, mal als Dieter geschrieben wird, der des Vaters mal als Hartmut, mal als Harald.

Weitere Informationen über Dietmar P. lieferte der IMS (Inoffizieller Mitarbeiter zur politisch-operativen Durchdringung und Sicherung des Verantwortungsbereiches) „Karl Freitag". Dieser Inoffizielle Mitarbeiter war der Ehemann einer Cousine der Mutter von Dietmar P. und lebte mit seiner Familie in Petershagen bei Berlin. „Karl Freitag" kannte die Familie P. flüchtig von sporadischen Besuchen. Nach seinen Angaben soll Dietmar P. Student der Rechtswissenschaften im siebten Studienjahr gewesen sein, das Studium habe er zeitweilig unterbrochen. Richtig daran ist das Jurastudium, allerdings nicht im siebten Studienjahr, sondern im siebten Semester. Die Unterbrechung des Studiums ist der Fantasie von „Karl Freitag" entsprungen. Genauso herbeigeredet sind angebliche politische Auseinandersetzungen zwischen Vater und Sohn, die es tatsächlich nicht gegeben hatte. Dann behauptete „Karl Freitag" auch noch, die vierköpfige Familie habe eine vierwöchige Reise nach China unternommen, bei der Kosten von 500 DM pro Tag entstanden seien. Tatsächlich war nur die Mutter von Dietmar P. in China – wie der Inoffizielle Mitarbeiter auf die Höhe der Reisekosten gekommen war, ist ein Rätsel. Genauso unsinnig ist die Behauptung, die Familie P. würde Wochenendurlaube bei Verwandten im Schwarzwald verbringen, denn es gab dort keine Verwandten.

Von April bis Juni 1978 wurde „Karl Freitag" instruiert, wie er Dietmar P. als Spitzel werben sollte. Die Cousine hatte die Familie P. zum 1. Mai 1978 schriftlich zu einem Familienbesuch eingeladen. Dummerweise war das Einladungsschreiben bei der Postkontrolle des MfS durchgerutscht, sodass der Wahrheitsgehalt der Angaben „Karl Freitags" nicht überprüft werden konnte. Sobald die Familie in Petershagen eingetroffen wäre, hatte „Karl Freitag" unverzüglich seinen Führungsoffizier telefonisch zu informieren. Der würde dann anlässlich der Maifeierlichkeiten „zufällig" bei

„Karl Freitag“ vorbeischauen und den Studenten in eine Diskussion über das „bürgerliche Recht“ verwickeln, „um das Interesse des Dietmar P. an einer weiterführenden Diskussion zu wecken“.

Nun zerstritt sich allerdings die Mutter von Dietmar P. zwischenzeitlich mit ihrer Cousine, und der Besuch am 1. Mai fand nicht statt. Daraufhin animierte das MfS „Karl Freitag“, auf seine Ehefrau einzuwirken, um den Konflikt mit der Familie P. zu beenden und sie doch noch zu einem Besuch in Petershagen zu bewegen. Doch vergebens. Auch der Versuch, Dietmar P. anlässlich eines touristischen Besuchs des Spreewalds anzusprechen, scheiterte, da dieser Ausflug nicht stattfand. Deshalb stellte der Sachbearbeiter enttäuscht fest: „Es kann insgesamt festgestellt werden, dass zurzeit keinerlei Voraussetzungen bestehen, über den IMS ‚Karl Freitag‘ Informationen zur Familie P. bzw. zum IM-Kandidaten P. Dietmar zu erarbeiten bzw. diesen zur Einreise zu bewegen.“

Tatsächlich mied Dietmar P. von da an jeden Besuch der DDR, denn er hatte von den Machenschaften des MfS erfahren, auch wenn er damals nicht wusste, was sie bedeuteten. In seiner Nachbarschaft waren einige Zeit zuvor Personen aufgetaucht, die sich

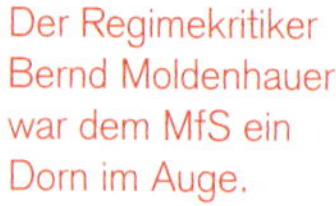

Der Regimekritiker Bernd Moldenhauer war dem MfS ein Dorn im Auge.

als Mitarbeiter des Deutschen Akademischen Austauschdienstes (DAAD) ausgaben und behaupteten, Dietmar P. habe sich für ein Auslandsstipendium beworben, weshalb sein Leumund überprüft werden müsse. Unter dieser Legende fragten sie die Nachbarn aus. Aber auch bei diesen Befragungen fehlte es an Professionalität. Als ein angeblicher DAAD-Mitarbeiter eine Nachbarin fragte, welches Fach Dietmar P. studiere, wurde die nicht auf den Kopf gefallene Frau misstrauisch und meinte, das sollte der DAAD doch eigentlich wissen, wenn sich jemand um ein Stipendium bewerbe. Daraufhin verschwand der Befrager in Windeseile.

Der Vater von Dietmar P. war mit einem Polizeibeamten bekannt, dem er die mysteriösen Befragungen schilderte. Der Polizist informierte den Staatsschutz der Polizei, dieser den Verfassungsschutz, der mit Dietmar P. ein längeres Gespräch führte und zu der Einschätzung kam, dass die Befragungen der Werbung als Spion dienten. Da sich Dietmar P. kurz zuvor in Polen aufgehalten hatte und dort mit polnischen Studenten in Kontakt gekommen war, vermuteten die Verfassungsschützer, ein polnischer Geheimdienst sei an ihm interessiert gewesen.

Dietmar P. trat nach seinen beiden Staatsexamina in den Dienst der Polizei ein und wurde 1985 zum Geheimschutzbeauftragten der West-Berliner Polizei berufen. Eine seiner Aufgaben war nun die Abwehr der gegen die Polizei gerichteten Spionage. Vorher fand eine umfangreiche Sicherheitsüberprüfung statt, bei der die Erkenntnisse des Verfassungsschutzes offengelegt wurden. Die Verfassungsschützer hatten schwerste Sicherheitsbedenken gegen die Ernennung, aber nach langem Hin und Her setzte sich Polizeivizepräsident Martin Lippok, der zuständig für Personalangelegenheiten war, über die Einwände des Verfassungsschutzes hinweg, bestellte Dietmar P. zum Geheimschutzbeauftragten und ermächtigte ihn zum Umgang mit Verschlusssachen bis zum Geheimhaltungsgrad „streng geheim".

Mitte der 1990er-Jahre stellte Dietmar P. einen Antrag auf Akteneinsicht bei der Stasi-Unterlagenbehörde, weil er vermutete, dass seine Tätigkeit bei der Polizei das Interesse des MfS geweckt haben könnte. Er war völlig überrascht, als man ihm bei der Akteneinsicht den Werbevorgang präsentierte und erklärte, im Zusammenhang mit seiner Tätigkeit bei der Polizei gebe es keine Unterlagen über ihn.

Das Schicksal Bernd Moldenhauers endete tragisch: Er wurde am 15. Juli 1980 von Aribert Freder, einem Inoffiziellen Mitarbeiter des MfS, in der Bundesrepublik ermordet. Ob dies im Auftrag des MfS geschah, ist bis heute ungeklärt.

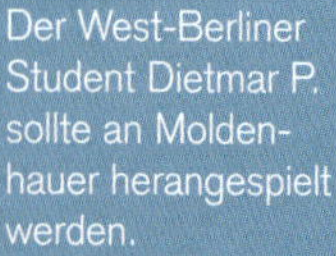

Der West-Berliner Student Dietmar P. sollte an Moldenhauer herangespielt werden.

EIN ZUFALLSFUND

Der Absturz eines sowjetischen Kampfflugzeugs in den Stößensee

Am 6. April 1966 überführten die beiden sowjetischen Piloten Boris Kapustin und Juri Janow einen Abfangjäger des Typs Jak-28 P von Finow nach Köthen, als über dem West-Berliner Stadtgebiet plötzlich beide Triebwerke ausfielen. Statt sich sofort mit den Schleudersitzen aus dem abstürzenden Flugzeug hinauszukatapultieren, steuerten die Piloten die Maschine, um sie nicht über dicht besiedelten Wohnvierteln niedergehen zu lassen, in den Stößensee. Der letzte aufgefangene Funkspruch soll gelautet haben: „Wohin, Juri?", kurz darauf schlug die Maschine ins Wasser. Kapustin und Janow kamen bei dem Unfall ums Leben.

Für die Briten, in deren Sektor die Absturzstelle lag, war der tragische Absturz ein Glücksfall, denn der Kampfjet war ein hochmodernes Kriegsgerät der Roten Armee, das ihnen sozusagen vor die Füße gefallen war und deshalb ihre Neugier weckte. Sofort begannen die Geheimdienste ihre Arbeit, Taucher bargen die technische Ausrüstung, wie das Radarequipment, das unverzüglich zur Auswertung nach Großbritannien geschafft wurde. Dabei musste man konspirativ vorgehen, denn sowjetische Beobachter verfolgten vom Ufer aus sehr genau, was am Flugzeugswrack vor sich ging.

Am 13. April 1966 übergaben die Briten erste Wrackteile, einschließlich der ausgebauten Technik, die nach der Untersuchung in Großbritannien nach Berlin zurückgebracht worden war, den Sowjets. Die hochmoderne Freund-Feind-Erkennung fehlte allerdings, was die Sowjets umgehend monierten. Um den Übergabeort gab es einiges Hin und Her, die Sowjets forderten die Übergabe der Wrackteile an der Sektorengrenze in der Mitte der Havel, die Briten dagegen 100 Meter in ihrem Sektor. Schließlich einigte man sich darauf, die Teile 25 Meter von der Grenze entfernt in West-Berlin von einem britischen auf ein sowjetisches Bergungsschiff umzuladen.

Bis dahin hatten die britischen Taucher aber noch nicht die beim Absturz vom Rumpf abgerissenen Triebwerke gefunden. Die erste Turbine entdeckten sie am 18. April. Sie wurde in aller

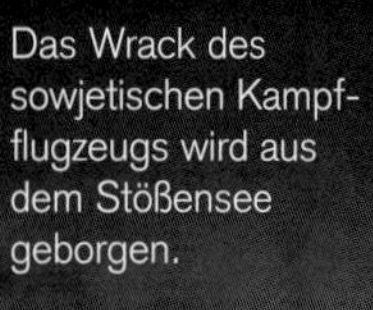

Das Wrack des sowjetischen Kampfflugzeugs wird aus dem Stößensee geborgen.

Heimlichkeit zum Luftwaffenstützpunkt nach Gatow gebracht, wo Experten sie untersuchten. Am 25. April fand man das zweite Triebwerk. Um Zeit zu gewinnen, behaupteten die Briten, es sei das erste, das gefunden worden sei. Inzwischen waren die Sowjets nervös geworden und beschwerten sich über die schleppende Suche nach den Teilen der Unglücksmaschine. Unter großem Zeitdruck wurde die Untersuchung der Turbinen Anfang Mai beendet und die restlichen Teile der Maschine den Sowjets übergeben.

An die beiden ums Leben gekommenen Piloten erinnert heute eine Gedenktafel auf der Brücke über den Stößensee.

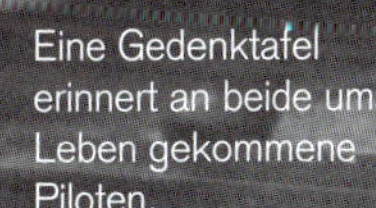

Eine Gedenktafel erinnert an beide ums Leben gekommene Piloten.

AM 6. APRIL 1966 STEUERTEN DIE SOWJETISCHEN PILOTEN
HAUPTMANN
BORIS WLADIMIROWITSCH KAPUSTIN
UND OBERLEUTNANT
JURI NIKOLAJEWITSCH JANOW
IHR DEFEKTES KAMPFFLUGZEUG IN DEN STÖSSENSEE UND
VERLOREN DABEI IHR LEBEN. DURCH IHREN SELBSTLOSEN
EINSATZ VERMIEDEN SIE EINE UNABSEHBARE KATASTROPHE
IM NAHEN WOHNGEBIET. DIESE TAFEL GILT DEM GEDENKEN
AN DAS OPFER DER SOWJETISCHEN SOLDATEN ALS EIN
ZEICHEN DER MENSCHLICHKEIT IN ZEITEN DES
"KALTEN KRIEGES".

EIN SENATOR AUF ABWEGEN

Heinrich Lummer und das MfS

Ein Innensenator, der notorischer Schürzenjäger war, eine betörende MfS-Agentin, subtile Erpressung und ein politischer Skandal. Das sind die Zutaten der wahrhaft abenteuerlichen Geschichte um den ehemaligen Berliner Parlamentspräsidenten und Innensenator Heinrich Lummer.

„Heinrich fürs Grobe" wurde Lummer spöttisch genannt oder auch „kleiner Mann mit großer Klappe". Er galt als spitzzüngiger Vertreter des rechten Flügels der Berliner CDU. Seine politischen Einstellungen und Aktivitäten lösten immer wieder Kopfschütteln aus. So ließ er sich im Jahre 1981 wie Napoleon nach einer gewonnenen Schlacht auf dem Balkon eines von der Polizei kurz zuvor geräumten besetzten Hauses genüsslich von Pressefotografen ablichten. Lummer unterhielt nicht nur Kontakte zu dem PKK-Führer Abdullah Öcalan, sondern auch in die rechtsextremistische Szene.

1989 kam es dann zu einem handfesten Skandal, als *Der Spiegel* Lummers Kontakte zum MfS öffentlich machte. Den Recherchen des Magazins zufolge lernte Lummer, der den Frauen sehr zugetan war, 1973 die 25-jährige DDR-Bürgerin Susanne Rau kennen, mit der er eine intime Beziehung einging. Sie behauptete ihm gegenüber, im staatlichen Kunsthandel der DDR beschäftigt zu sein, tatsächlich arbeitete sie aber für das MfS.

Im März 1981 lud ihn Susanne Rau nach Ost-Berlin in das Hotel Metropol ein. Es blieb aber nicht beim Besuch des Hotels, vielmehr setzten die beiden ihr Tête-à-Tête in der Wohnung der Frau fort. Dort tauchten plötzlich zwei Männer auf, die sich unter den Namen „Wagner" und „Lindner" als Beauftragte der DDR-Regierung vorstellten und mit Lummer ein politisches Gespräch führen wollten. Lummer ging darauf ein, und die vier wechselten in eine Wohnung, die nach Lummers Erinnerung in der Karl-Marx-Allee lag. Dort unterhielt sich das Quartett wohl recht offen über die verschiedensten Themen.

Als sich Susanne Rau einige Zeit später erneut mit Lummer traf, tauchten wieder die beiden Männer auf, und wieder saßen die vier in der Wohnung in der Karl-Marx-Allee. Nach einem politischen Meinungsaustausch erboten sich „Wagner“ und „Lindner“, Lummer private Einladungen, etwa zu Jagdausflügen, in die DDR zu vermitteln, worauf Lummer genauso wenig eingegangen sein wollte wie auf das Angebot weiterer Gespräche.

Ende Juli oder Anfang August 1981 nahm ein angeblicher Bekannter Susanne Raus in West-Berlin Kontakt zu Lummer auf. Der Mann war Michael Piek, nach Erkenntnissen westlicher Geheimdienste ein hochrangiger Inoffizieller Mitarbeiter des MfS. Piek überbrachte Grüße von „Wagner“ und „Lindner“, die die gemeinsamen Gespräche gerne fortsetzen wollten. Doch Lummer wollte darauf wieder nicht eingegangen sein.

Nach weiteren erfolglosen Bemühungen Pieks, Lummer umzustimmen, avisierte er dem Innensenator im Mai 1982 telefonisch einen Brief, der bei einer Bekannten für ihn deponiert werde. Dieser enthielt mehrere Fotos, die Lummer bei Zusammenkünften mit Sabine Rau, „Wagner“ und „Lindner“ in Ost-Berlin zeigten. Es war klar, dass dies ein dezenter Hinweis darauf

Innensenator Heinrich Lummer während des CDU-Parteitags im November 1982

war, dass man Lummer in der Hand habe. Inzwischen war der West-Berliner Verfassungsschutz auf Lummer aufmerksam geworden. Dort hatte der Übersiedler Kurt Johannes Mocker über Piek und dessen Hintergrund berichtet. Die Verfassungsschützer gingen davon aus, dass Piek gezielt auf den Innensenator angesetzt worden war.

Mitte des Jahres 1982 gab Lummer in einem Gespräch mit dem ihm unterstellten Chef des Landesamts für Verfassungsschutz, Franz Natusch, Auskünfte über seine Beziehung zu Susanne Rau, die aber nach *Spiegel*-Informationen teilweise unvollständig und falsch gewesen sein sollen. Nun wurde die Angelegenheit hoch politisch, und der Regierende Bürgermeister Richard von Weizsäcker wurde eingeschaltet. Um den drohenden Schaden zu begrenzen, schlug Natusch vor, Weizsäcker möge dem sowjetischen Generalkonsul oder einem anderen hohen Sowjetfunktionär klarmachen, dass Piek als MfS-Agent enttarnt sei und die Sowjets das MfS veranlassen sollten, den Mann abzuziehen. Tatsächlich kam es zu einem Gespräch zwischen dem damaligen Chef der Senatskanzlei Hansjürgen Schierbaum und dem Botschaftsrat in der Sowjetbotschaft in Ost-Berlin Walentin Dmitrijewitsch Kosobrodow. Doch das Gespräch blieb ohne Erfolg, denn bald darauf erhielt Lummer wieder einen Brief. Dieser enthielt eine noch deutlichere Warnung als der erste und ließ erkennen, dass Susanne Rau Inoffizielle Mitarbeiterin des MfS war. Daraus sollte Lummer den Schluss ziehen, das MfS könne ihn jederzeit auffliegen lassen.

Mittlerweile war die Spionageabwehr des West-Berliner Verfassungsschutzes äußerst beunruhigt. Amtschef Natusch und sein Spionageabwehrleiter befürchteten, das MfS könne westlichen Medien gezielt Indiskretionen über Lummer zuspielen. Selbst ein Eingreifen Weizsäckers oder gar des Bundeskanzlers, so die Einschätzung der Verfassungsschützer, würde dies nicht verhindern. Da aber Wahlen anstanden, traute sich niemand in der West-Berliner Politik, den Fall aufzurollen, zu groß waren die Ängste vor einem politischen Skandal. Deshalb waren der Regierende Bürgermeister und die Verfassungsschützer sehr erleichtert, als Lummer im April 1986 vom Amt des Innensenators zurücktreten musste, nachdem herausgekommen war, dass er 15 Jahre zuvor einer Neonazi-Gruppe 2000 Mark aus der CDU-Kasse gezahlt hatte, damit sie SPD-Plakate überklebte.

PSYCHISCHE AUSNAHMESITUATION

Der Übertritt des Verfassungsschützers Hansjoachim Tiedge in die DDR

Der Fall des Verfassungsschützers Hansjoachim Tiedge ist ein klassisches Beispiel dafür, was einem Nachrichtendienst nicht passieren darf, nämlich der Übertritt eines Mitarbeiters zum Gegner.

Wer bei einer Sicherheitsbehörde arbeitet, muss besonders zuverlässig sein. Deshalb muss jemand, bevor er dort arbeiten darf, auf Herz und Nieren überprüft werden. Bei diesen Überprüfungen, die in den Sicherheitsüberprüfungsgesetzen des Bundes und der Länder geregelt sind, werden nicht nur diverse Abfragen bei verschiedenen Behörden durchgeführt, sondern auch Befragungen im Umfeld der Betroffenen. Wie problematisch solche Befragungen sein können, hat der Geheimschutzbeauftragte der West-Berliner Polizei in den 1980er-Jahren am eigenen Leibe erfahren. Verfassungsschützer liefen durch sein Wohnhaus und fragten die Nachbarn über ihn aus. Diese verstanden nicht, worum es ging, und hielten ihren Mitbewohner für einen Ost-Spion. Deshalb petzten sie bei der Vermieterin und verlangten, dass dem Mann die Wohnung gekündigt werde. Glücklicherweise ließ sich die Sache aufklären und der Haussegen wieder zurechtrücken. Weil bei solchen Ermittlungen viel Tratsch und Missgunst zutage treten konnten, verzichtete man später auf Hausbefragungen. Heute werden Erkundigungen bei sogenannten Referenzpersonen eingeholt, die der zu Überprüfende selbst benennt. Unter Umständen werden aber noch weitere Auskunftspersonen herangezogen. Werden bei den Ermittlungen und Befragungen Sicherheitsrisiken festgestellt, dürfen die Überprüften nicht in sicherheitsrelevanten Bereichen eingesetzt werden. Sicherheitsrisiken können zum Beispiel Alkoholsucht oder eine Überschuldung sein. Auch charakterliche Schwächen wie Unzuverlässigkeit können zu einem Sicherheitsrisiko führen. Und natürlich stellen Kontakte zu gegnerischen Geheimdiensten oder extremistischen Organisationen ein Sicherheitsrisiko dar.

Verfassungsschützer Hansjoachim Tiedge

Doch nun zu Tiedge: Der Mann wurde 1966 beim BfV eingestellt und bei dieser Gelegenheit sicherheitsüberprüft. Bedenken gab es damals nicht, denn Tiedge war ein zuverlässiger Mann, der in geordneten Familienverhältnissen lebte. Ab 1982 leitete er die Referatsgruppe „Nachrichtendienste der DDR“ im BfV und genoss in dieser Funktion hohes Ansehen.

Doch sein persönliches Schicksal stand unter keinem guten Stern. Tiedges Probleme begannen damit, dass er sich unter dubiosen Umständen beim Kauf eines Eigenheims überschuldete. Das Haus kostete 130 330 DM, er erhielt zwar etwa 150 000 DM von einer Tante, aber das Haus war trotzdem mit Grundschulden in Höhe von 220 000 DM belastet. Die Gründe für diese Verbindlichkeiten sowie der Verbleib des Geldes konnten später nicht geklärt werden.

Am 16. Juli 1982 verstarb Tiedges Ehefrau nach einem häuslichen Unfall. Danach verwahrloste Tiedge zunehmend. Er begann zu trinken, mit den drei Töchtern gab es Erziehungsprobleme, 1983 und 1984 ergingen Pfändungs- und Überweisungsbeschlüsse, die seiner Dienstbehörde bekannt wurden.

Nun kam das BfV nicht umhin, sich näher mit Tiedge und seinem Lebenswandel zu beschäftigen. Befragungen in der Nachbarschaft bestätigten die Alkoholprobleme und die Schulden. Der Leiter des Sicherheitsreferats wollte ihm die Sicherheitsermächtigung entziehen, doch Präsident Heribert Hellenbroich und Vizepräsident Stefan Pelny entschieden sich dagegen. Sie begründeten dies damit, dass Tiedge mit einer „besonderen Operation“ betraut sei, die zwei in der DDR lebende BfV-Agenten betraf. Diese Personen seien wegen ihrer Zusammenarbeit mit dem Bundesamt hoch gefährdet, und nur Tiedge könne ihre Sicherheit gewährleisten. Hellenbroich und Pelny wollten ihren zum Sicherheitsrisiko gewordenen Mitarbeiter langsam aus seiner Funktion herauslösen und stellten ihm als Sofortmaßnahme einen erfahrenen Mitarbeiter als „Betreuer" zur Seite, der ihn psychisch stabilisieren sollte.

Doch die Probleme gingen weiter. Im Juli 1984 wurde Tiedge wegen Trunkenheit im Straßenverkehr die Fahrerlaubnis entzogen. Der Entzug hatte keine dienstlichen Folgen für ihn, doch begann nun im Amt Gerede über seinen Alkoholkonsum. Was seinen Kollegen übel aufstieß, war, dass Tiedge entgegen aller Sicherheitsbestimmungen weiter in seiner Funktion blieb.

Staatssekretär Waldemar Schreckenberger (l.) und BND-Chef Heribert Hellenbroich (r.) nach Beratungen der Parlamentarischen Kontrollkommission im Bonner Bundeshaus am 27. August 1985.

Im Sommer 1984 nahm Tiedge an einem Grillfest von Kollegen teil. Wie andere BfV-Mitarbeiter im Zuge späterer Untersuchungen bekundeten, soll er an dem Tag ein „jämmerliches Bild" abgegeben haben. Er habe sich in einem „von der Kleidung her ziemlich desolaten Zustand" befunden, „die Hose offen" gehabt und sei „von oben bis unten mit Soße bekleckert" gewesen.

Am Sonntag, dem 18. August 1985, ging Tiedge gegen 10:00 Uhr zu seiner üblichen Skatrunde in eine Gastwirtschaft, wo er bis zum Nachmittag blieb. Um 16:41 Uhr ließ er sich von einem Taxi zu einer Straßenbahnhaltestelle in Köln-Merheim bringen. Mit der Straßenbahn fuhr er weiter zum Hauptbahnhof und von dort mit der Bahn nach Hannover. Die Nacht verbrachte er im Bahnhof. Am darauffolgenden Montag meldete er sich bei seiner Sekretärin telefonisch krank. Von Hannover fuhr er dann mit dem Zug weiter in Richtung Berlin, stieg am Grenzübergang Marienborn aus und stellte sich den Grenzbeamten.

Da Tiedge nach dem Eindruck seiner Mitarbeiter bereits an seinem letzten Anwesenheitstag in einer ausgesprochen schlechten Verfassung gewesen war, wandten sie sich besorgt an die Behördenleitung, die sofort Ermittlungen über den Verbleib ihres Abwehrexperten einleiteten. An einen Übertritt in die DDR glaubte zu diesem Zeitpunkt noch niemand.

Am Freitag, dem 23. August 1985, um 10:25 Uhr meldete die DDR-Nachrichtenagentur ADN dann den Übertritt Tiedges in die DDR. Bald darauf übermittelte der Ost-Berliner Rechtsanwalt Wolfgang Vogel eine handschriftliche Erklärung Tiedges nach Bonn, wonach dieser „aus einer für mich ausweglosen persönlichen Situation, aber aus freien Stücken und auf Grund meiner eigenen Entscheidung in die DDR übergewechselt" sei. „Ich bin nicht bereit, mit offiziellen Vertretern der Bundesrepublik oder mit Vertretern der Medien zu sprechen."

Nach CIA-Erkenntnissen soll Tiedge seinen Übertritt schon einige Zeit vorher dem MfS angekündigt haben.

In den anschließenden Verhören verriet Tiedge den DDR-Geheimdienstlern sein gesamtes Wissen über das BfV. Das meiste davon wird dem MfS jedoch längst bekannt gewesen sein, denn Tiedges enger Mitarbeiter Klaus Kuron war ein langjähriger Inoffizieller Mitarbeiter des MfS, was Tiedge allerdings nicht wusste. Nach dem Übertritt konnte das MfS mehrere BfV-Agenten in der DDR festsetzen, ohne seinen Spitzel Kuron zu verraten, denn nun sah es so aus, als habe Tiedge die Leute verraten.

Nach dem Übertritt setzte im BfV die Suche nach den Verantwortlichen für die Panne ein. Weil Präsident Hellenbroich von Tiedges Alkoholismus und den Schulden wusste, aber nichts unternommen hatte, wurde er geschasst. Das Pikante an der Angelegenheit war, dass er zum Zeitpunkt seiner Versetzung in den einstweiligen Ruhestand gar nicht mehr Präsident des BfV war, sondern inzwischen die Leitung des BND übernommen hatte. Für den damaligen Innenminister Friedrich Zimmermann, der in die Geschehnisse um Tiedge involviert war, gab es in einem Untersuchungsausschuss, der die Vorgänge aufklären sollte, je nach politischer Ausrichtung der Ausschussmitglieder harsche Kritik oder wohlwollendes Verständnis.

Auch Tiedges enger Mitarbeiter Klaus Kuron (l.) spionierte für das MfS.

Um nach der deutschen Einheit eine Festnahme und Verurteilung Tiedges zu verhindern, flog der KGB ihn am 23. August 1990 in die Sowjetunion, wo er am 6. April 2011 starb.

Der Fall Tiedge zeigt das Dilemma des Geheimschutzes: Kein Überprüfungssystem kann verhindern, dass ein Mitarbeiter einer Sicherheitsbehörde zum Sicherheitsrisiko wird. Keine Sicherheitsüberprüfung kann gewährleisten, dass alle Sicherheitsrisiken erkannt werden. Und ist dann ein Mitarbeiter zu einem Sicherheitsfall geworden, stellt sich die Frage, wie mit ihm umgegangen werden soll. Reagiert man hart und versetzt ihn in einen weniger sensiblen Bereich, besteht die Gefahr einer psychischen Überreaktion, die die Probleme nur noch vergrößert. Belässt man den Betroffenen in seiner Funktion und betreut ihn psychologisch, ist nicht einzuschätzen, ob die Hilfe ankommt. Der Umgang mit Mitarbeitern von Sicherheitsbehörden ist jedenfalls ein schwieriges Feld, auf dem man viel Fingerspitzengefühl braucht. Bei Tiedge ging jedenfalls so ziemlich alles schief, was schiefgehen konnte.

AGENTENAUSTAUSCH AUF DER „BRÜCKE DER EINHEIT“

Die Brücke, die Berlin und Potsdam miteinander verbindet, hieß in der DDR offiziell „Brücke der Einheit“, obwohl sie damals West und Ost trennte und für niemanden außer Diplomaten und Angehörige der Militärverbindungsmissionen passierbar war. Die Grenze verlief genau in der Mitte der Brücke und war durch eine weiße Linie gekennzeichnet. Heute erinnert nichts mehr an die Zeit des Kalten Krieges; der Verkehr fließt in beiden Richtungen über die stählerne Konstruktion, Spaziergänger queren die Havel, um vom Schloss Glienicke zu den feudalen Villen der Berliner Vorstadt in Potsdam zu gelangen oder weil sie umgekehrt aus Richtung Potsdam im Schlosspark Glienicke flanieren wollen. Niemand verwendet heute noch den Namen „Brücke der Einheit“, sie heißt schlicht Glienicker Brücke.

In der Ost-/Westauseinandersetzung rückte die Brücke einige Male ins Licht der Öffentlichkeit. Am 10. Februar 1962 kurz vor 9:00 Uhr liefen zwei einzelne Männer über die Brücke, der eine von Ost nach West, der andere in umgekehrter Richtung. Die Männer waren Francis Gary Powers und Rudolf Iwanowitsch Abel.

Powers war US-amerikanischer Militärpilot, der den Auftrag hatte, mit einem Aufklärungsflugzeug vom Typ U-2 in 20 000 Metern Höhe die Sowjetunion zu überfliegen und Fotos von Militäranlagen zu schießen, für die sich die CIA interessierte. Am 1. Mai 1960 wurde er bei einem solchen Aufklärungsflug abgeschossen. Nachdem die Maschine bereits auf eine Höhe von 10 000 Metern gefallen war, schaffte er mit Mühe den Ausstieg aus der Kanzel. Der Fallschirm öffnete sich erst bei 5000 Metern. Noch in der Luft versuchte er, alle ihn belastenden Materialien loszuwerden. Eine mitgeführte tödliche Giftnadel, versteckt in einer Dollarmünze, die für den Fall einer drohenden Festnahme gedacht war, verwendete er nicht. Powers wurde von Bauern auf einem Feld gefunden und von den Sicherheitsbehörden festgenommen. Am 19. August 1960 verurteilte ihn der Oberste Gerichtshof der UdSSR wegen Spionage zu zehn Jahren Haft.

Die USA wollten die Spionageflüge, die nach dem Abschuss Powers' öffentlich bekannt geworden waren, zunächst verschleiern und behaupteten, es habe sich bei dem abgeschossenen Flugzeug um eine Maschine zur Wettererkundung gehandelt. Doch die Sowjetunion parierte schnell und präsentierte am 7. Mai 1962 den Piloten und die Spionageausrüstung, die in dem Wrack gefunden worden war. Daraufhin kam US-Außenminister Christian Herter nicht umhin einzugestehen, dass derartige Spionageflüge bereits seit Juli 1956 stattfanden.

Danach setzten Verhandlungen zwischen beiden Seiten ein, bei denen zwei weitere Männer eine Rolle spielten: der Ost-Berliner Rechtsanwalt Wolfgang Vogel und der US-Anwalt James B. Donovan. Die beiden Anwälte berieten über einen Austausch Powers gegen den Sowjetspion Abel.

Abel, der seit 1950 im Auftrag des sowjetischen Geheimdienstes die Kernwaffen-Projekte der USA erkundet hatte, wurde 1957 vom FBI als KGB-Oberst enttarnt und verhaftet. Vor Gericht wurde er von Donovan, der im Zweiten Weltkrieg für den US-Geheimdienst OSS gearbeitet hatte, vertreten. Der Anwalt konnte die Verhängung der Todesstrafe mit dem Argument abwenden, ein lebender Abel sei das Faustpfand für einen Austausch gegen einen in der UdSSR festgehaltenen amerikanischen Spion. Diese Einschätzung ließ ein feines Gespür Donovans erkennen, denn zu dem Zeitpunkt war noch nicht abzusehen, wer gegen Abel ausgetauscht werden könnte. Der Richter ließ sich überzeugen und verhängte eine Freiheitsstrafe von 30 Jahren.

Nach zähen Gesprächen einigten sich Donovan und Vogel über den Austausch der beiden Spione. Aber nicht nur Powers wechselte von Ost nach West, sondern auch der amerikanische Student Frederic Pryor, der an der Freien Universität Berlin Osteuropakunde studierte. Pryor war im Ostteil der Stadt verhaftet worden, weil er angeblich persönliche Dinge seiner Freundin, die kurz zuvor geflüchtet war, aus ihrer Wohnung in den Westen schaffen wollte. Die Verhandlungen Donovans um die Freilassung Pryors gestalteten sich schwierig, denn die Sowjets fühlten sich unzuständig, da sich Pryor nicht in ihrem, sondern im Gewahrsam der DDR befand. Die DDR-Verantwortlichen bestanden aber auf eigenständigen Verhandlungen ohne Einschaltung sowjetischer Diplomaten.

Francis Gary Powers bei seinem Prozess in Moskau im August 1960

Wie politisch sensibel die Angelegenheit war, zeigt der Umstand, dass Pryor nach erfolgter Einigung mit der DDR-Führung nicht auf der Glienicker Brücke, sondern zur selben Zeit am Checkpoint Charlie die Grenze nach West-Berlin passierte. Damit dokumentierte die DDR, dass sie eigenständig über das Schicksal Pryors entschieden hatte. Über Telefon und Funk verständigten sich die amerikanischen Militärs und Geheimdienstler zwischen der Glienicker Brücke und dem Checkpoint Charlie, um sicherzustellen, dass Pryor tatsächlich gleichzeitig mit Powers freigelassen wurde.

Die Ereignisse von damals werden sehr realistisch und spannend in dem Film *Bridge of Spies – Der Unterhändler* von Steven Spielberg mit Tom Hanks in der Rolle des Anwalts Donovan geschildert.

Spannend wurde es auf der Glienicker Brücke dann wieder am 11. Juni 1985. An diesem Tag wurden 23 westliche Spione gegen vier Ost-Agenten ausgetauscht. Vorausgegangen waren jahrelange zähe Verhandlungen, in denen es aber nicht in erster Linie um die Spione ging, sondern um den russischen jüdischen Dissidenten Anatoli Schtscharanski. Der Bürgerrechtler war im März 1977 in der Sowjetunion verhaftet und wegen angeblicher Spionage für die CIA angeklagt worden. Juden in der ganzen Welt setzten sich daraufhin für ihn ein und verlangten seine Freilassung. Die Sowjets bestanden in den Verhandlungen um einen Austausch darauf, Schtscharanski als Spion zu übergeben, während die Amerikaner ihn als politischen Häftling behandelt wissen wollten.

Begonnen hatten die Verhandlungen im Sommer 1980, als Rechtsanwalt Vogel dem ARD-Korrespondenten Lothar Loewe eine Liste mit Namen von 30 Agenten übergeben hatte, die in der DDR für die CIA spioniert hatten und ausgetauscht werden sollten. Die USA setzten sich allerdings nicht sonderlich engagiert für diese Menschen ein, weil sie keine amerikanischen Staatsbürger waren. Es handelte sich auch nicht um Top-Spione, sondern, wie es teilweise etwas abfällig hieß, um „Freizeitagenten", die Militärobjekte ausgespäht hatten. Rechtsanwalt Vogel stellte nach Übergabe der Liste seinerseits Forderungen: Er verlangte die Freilassung von vier in den USA inhaftierten Spionen. Die vier waren Marian Zacharski, offiziell Direktor eines polnischen Exportunternehmens in Los Angeles, tatsächlich aber als Offizier des polnischen Geheimdienstes damit beauftragt, geheime Rüstungspläne der USA auszuspionieren. Dann war da Penju Kostadinov, ehemaliger Handelsattaché an der bulgarischen Botschaft in Washington, der im September 1983 aufgeflogen war. Der Dritte war Alfred Zehe, ein DDR-Physiker aus Dresden, der während einer Gastprofessur in Mexiko geheime Unterlagen der US-Marine nach Ost-Berlin geschafft hatte. Im November 1983 war er bei einer Tagung in Boston verhaftet und im April 1985 zu acht Jahren Gefängnis verurteilt worden. Und schließlich Alice Michelson, DDR-Bürgerin und KGB-Kurierin, die im Oktober 1984 auf dem New Yorker Kennedy-Flughafen festgenommen worden war.

Rudolf I. Abel (l.), der gegen Powers ausgetauscht wurde, auf dem Weg zu seiner Verhandlung in New York 1957

Am 11. Juni 1985 fand dann der Austausch auf der Glienicker Brücke statt, doch derjenige, um den es eigentlich ging, war nicht unter den Gefangenen, denn Ost und West konnten sich nicht über Schtscharanskis Status – Spion oder Bürgerrechtler? – einigen.

Ein großer Medienrummel fand dann noch einmal am 11. Februar 1986 auf der Glienicker Brücke statt, als nun endlich Anatoli Schtscharanski freigelassen wurde. Mit ihm wurden der DDR-Bürger Wolf-Georg Frohn, der Tschechoslowake Jaroslav Javorský sowie der BRD-Bürger Dietrich Niestroj gegen fünf Häftlinge aus dem Westen ausgetauscht.

Am 11. Februar 1986 wird auch Anatoli Schtscharanski auf der Glienicker Brücke freigelassen.

DIE DREI VOM HOTEL LUFTBRÜCKE

Heinrich Schneider, Josef Tuszynski und Anna-Margareta Schwarz waren ein besonderes Trio. Nicht nur, dass sie alle drei eine Beziehung zu einem Hotel in Berlin-Tempelhof hatten, sie waren auch alle drei Inoffizielle Mitarbeiter des MfS.

Der in Hessen beheimatete Heinrich Schneider hatte sich nach dem Zweiten Weltkrieg als Straßenhändler, Fuhrunternehmer, Schrotthändler und Billardtischproduzent versucht, bevor er 1970 eine Firma gründete, die Wandschmuck aus Kunstharz herstellte. Seine Betätigungen waren nicht immer legal, weshalb er in den 1950er-Jahren wegen Einbruchs und Hehlerei im Gefängnis saß. In den 1970er-Jahren verpflichtete ihn das MfS zur geheimen Mitarbeit unter dem Decknamen „Rennfahrer". Sehr effizient beschaffte er für seine Auftraggeber bundesdeutsche Personalausweise und Autokennzeichen, aber auch Waffen und kugelsichere Westen. Darüber hinaus baute er in der Bundesrepublik ein Agentennetz auf, das mindestens 13 Spitzel umfasste. Besonders interessiert war das MfS an Informationen, die Schneider von einem bundesdeutschen Wissenschaftler erhalten hatte, die der Mann bei seiner Tätigkeit in einem westdeutschen Chemiekonzern erworben hatte. Der Wissenschaftler glaubte, Schneider benötige die wissenschaftlichen Formeln für seine eigene Firma. 1972 erhielt er einen ganz speziellen Auftrag: Er sollte sich bereithalten, um Mitglieder der DDR-Olympiamannschaft in eigens dafür gebauten Kisten in die DDR zurückzuschaffen, falls sie den Eindruck erweckten, fliehen zu wollen. Sein Einsatz war jedoch nicht erforderlich. Im Laufe der Jahre erledigte Schneider mehr als 300 Aufträge für das MfS und kassierte dafür rund 300 000 DM.

Der Zweite im Bunde war Josef Tuszynski, ebenfalls ein Krimineller. Tuszynski, der ein Faible für Kampfsportarten hatte, wurde beim MfS unter dem Decknamen „Karate" geführt. Der Mann stammte aus einer Artistenfamilie, einen richtigen Beruf hatte er nie ausgeübt. Lange hielt er sich mit Einbrüchen über Wasser, zuletzt betrieb er in Köln ein Spielcasino. Das MfS schätzte seine Kaltblütigkeit, in seiner Beurteilung ist von „großer Ausdauer, absoluter Disziplin und voller Einsatzbereitschaft" die Rede.

Anna-Margareta Schwarz war beim MfS unter dem Decknamen „Janett" erfasst. Bei ihrer Verpflichtung hatte sie zugesichert, notfalls bereit zu sein, im Interesse der Sache auch intime Beziehungen einzugehen.

Die drei MfS-Spitzel fanden sich im Hotel Luftbrücke zusammen, das im Jahre 1976 in der Dudenstraße 6 eröffnet wurde. Geschäftsführerin war Anna-Margareta Schwarz, als Hausmeister fungierte Tuszynski, der auch der Liebhaber von Schwarz war. Schneider war ein vertrauter Gast des Hotels, der dort häufig abstieg.

Die kleine, nicht sehr komfortable Absteige, die Handelsvertretern und Handwerkern auf Montage als Unterkunft diente, weckte das Interesse des MfS und wurde dort unter dem Decknamen „Stützpunkt Rheinland" bearbeitet. Die Geheimdienstler nutzten das Hotel als Operationsbasis für ihre Spione, die im Bundesgebiet unterwegs waren und sich in Berlin mit ihren Führungsoffizieren trafen. Zu den Spitzeln gehörte auch Schneider, der aus Hessen über die Transitstrecke nach Berlin fuhr, unterwegs seinen Führungsoffizier traf oder Aufträge in Berlin ausführte und im Hotel Luftbrücke abstieg.

Das Interesse des MfS an dem Hotel wuchs, als Schwarz 1979 einen Pauschalvertrag über 10 000 DM mit der US-Luftwaffe abschloss. Für die Streitkräfte lag die Herberge günstig nahe dem

Neben dem Platz der Luftbrücke in der Dudenstraße eröffnete 1976 das Hotel Luftbrücke, das als Operationsbasis für Spione diente, die im Bundesgebiet unterwegs waren.

Flughafen Tempelhof, wo die amerikanische Luftwaffe stationiert war. Luftwaffenangehörige, die kurz in Berlin zu tun hatten, konnten hier bequem einquartiert werden. Die Personalien dieser und anderer Gäste gab „Janett“ umgehend an das MfS weiter.

Das Hotel lief jedoch nicht gut und musste vom MfS finanziell unterstützt werden. Schon zum Start erhielt es eine „Anschubfinanzierung“ von 40 000 DM, und auch später wurden die Verluste immer wieder ausgeglichen. Um dem Finanzamt keinen Anlass zu Überprüfungen zu geben, bilanzierte Schwarz nicht vorhandene Gewinne. Doch auf Dauer wurde das Hotel dem MfS eine zu große finanzielle Last. Ende 1979 fiel deshalb die Entscheidung: „Aus Gründen der Rentabilität erscheint es nicht ratsam, den im Sommer 1981 auslaufenden Mietvertrag zu verlängern.“ Doch schon im Januar 1981 wurde das Hotel verkauft, die neuen Eigentümer wollten polnische Asylbewerber im Gebäude unterbringen.

Schneider und Tuszynski verband nicht nur das Hotel Luftbrücke, sondern auch gemeinsame Aufträge des MfS. In der Nacht vom 16. zum 17. Februar 1975 sollten sie Siegfried Schulze „liquidieren“. Schulze hatte sich in West-Berlin mit Plakataktionen und Sprengstoffanschlägen gegen die Mauer einen Namen und sich damit beim MfS verhasst gemacht. Die beiden lauerten ihrem Opfer im Hausflur Kurfürstenstraße 25 auf. Tuszynski

Josef Tuszynski wurde bei seinem Prozess 1996 freigesprochen.

schlug Schulze mit der Handkante nieder, doch der Schlag blieb wirkungslos. Schulze wehrte sich, und es gelang ihm, Tuszynski zu Boden zu reißen. Daraufhin schlug Schneider mit dem Griff seiner Pistole auf Schulzes Kopf. Als auch das keine Wirkung zeigte, rammte Schneider ihm den Pistolenlauf in den Mund und drückte ab, doch der Schuss ging nicht los, da das Magazin bei der Prügelei aus der Waffe gefallen war. Als im Flur Stimmen laut wurden, flohen die beiden unverrichteter Dinge.

Schneider erhielt für seine Arbeit mehrere Auszeichnungen der DDR. Markus Wolf würdigte seine Verdienste in einem persönlichen Dankschreiben. 1977 verlieh man ihm den „Vaterländischen Verdienstorden", auch das Ehrenabzeichen „35 Jahre MfS" wurde ihm überreicht.

Schneider wurde 1992 enttarnt und verhaftet. Die Anklage lautete: versuchter Mord und nachrichtendienstliche Tätigkeit. Das Kammergericht verurteilte ihn 1993 zu viereinhalb Jahren Freiheitsstrafe.

Auch Tuszynski und Schwarz kamen vor Gericht. Tuszynski musste sich für den Mordversuch an Schulze verantworten, zusätzlich legte die Staatsanwaltschaft ihm und Schwarz die Planung eines weiteren Anschlags zur Last. In beiden Fällen behaupteten die Angeklagten, die Aufträge nur zum Schein angenommen zu haben. Weil das Gegenteil nicht nachgewiesen werde konnte, wurden beide im Juli 1996 freigesprochen.

DAS ENDE DES KALTEN KRIEGES

Das MfS wuchs im Laufe der Jahre zu einem riesigen Apparat und verfügte im Oktober 1989 über mehr als 91 000 hauptamtliche Mitarbeiter, darunter ungefähr 11 000 Soldaten des Wachregiments „Feliks Dzierzynski“. Fast 85 Prozent waren Männer, nur wenige Frauen schafften es in die Führungspositionen des Ministeriums. Die Schätzungen der Inoffiziellen Mitarbeiter schwanken zwischen 110 000 und 189 000 Personen, davon standen rund 3000 Bundesbürger im Dienst des MfS.

In der zweiten Hälfte der 1980er-Jahre änderte sich mit den Reformen des Generalsekretärs des Zentralkomitees der Kommunistischen Partei der Sowjetunion Michail Gorbatschow die politische Situation im Ost-/Westverhältnis. Am 2. und 3. Dezember 1989 traf Gorbatschow vor Malta auf dem sowjetischen Kreuzfahrtschiff Maxim Gorki zu einem Gipfelgespräch mit dem US-Präsidenten George H. W. Bush und resümierte die Ergebnisse seiner Gespräche mit der Feststellung: „Der Kalte Krieg ist zu Ende.“

Bereits in den Monaten zuvor hatte es in der DDR zu brodeln begonnen. Das Fundament der SED-Herrschaft war in mehrfacher Hinsicht ausgehöhlt: Außenpolitisch war die DDR-Führung mit ihrer starren orthodoxen Haltung zunehmend isoliert, der Staat war überschuldet, die Bürger verlangten immer lauter nach Reformen. Die Unruhe in der Bevölkerung wuchs und wurde dadurch befeuert, dass es bei den Kommunalwahlen im Mai 1989 zu massiven Wahlfälschungen kam, die öffentlich angeprangert wurden.

Nachdem Ungarn am 11. September 1989 die Grenze nach Österreich geöffnet hatte, flohen bis zum Monatsende fast 20 000 Menschen. Die Folge davon war, dass die DDR-Behörden keine Ungarn-Reisen mehr genehmigten. Als der Fluchtweg über Ungarn versperrt war, flüchteten mehrere Tausend DDR-Bürger in die bundesdeutschen Botschaften in Prag und Warschau. Nach Verhandlungen mit der Bundesregierung stimmte Erich Honecker schließlich der Ausreise der Botschaftsflüchtlinge zu. Als Bundesaußenminister Hans-Dietrich Genscher am 30. September 1989 auf dem Balkon der Prager Botschaft die Entscheidung verkündete, brach frenetischer Jubel unter den Menschen aus.

Mit den Montagsdemonstrationen, die ab dem 4. September 1989 in Leipzig und anderen Städten der DDR stattfanden, nahm die Protestbewegung weiter an Fahrt auf. Dabei kam es teilweise zu gewalttätigen Auseinandersetzungen zwischen Demonstranten und Sicherheitskräften. Eine Konfrontation in Leipzig am 9. Oktober konnte zum Glück durch Vermittlung des Gewandhauskapellmeisters Kurt Masur verhindert werden.

Diese Entwicklungen gingen am MfS nicht spurlos vorbei. Erste Anzeichen der Erosion zeigten sich zu Beginn des Novembers 1989, als auf Erich Mielkes Weisung Unterlagen aus den Kreisdienststellen vernichtet wurden. Der Minister befürchtete, die Dienststellen könnten von Demonstranten gestürmt werden und die Akten in ihre Hände geraten. Sollte dieser Fall eintreten, hätten die Demonstranten erkennen können, dass eine Vielzahl von Informationen unter Missachtung der Gesetze der DDR gesammelt worden war. So erfolgte zum Beispiel die Post- und Telefonüberwachung unter Verstoß gegen Artikel 32 der DDR-Verfassung und gegen die Paragrafen 132 und 202 des Strafgesetzbuches der DDR, die das Post- und Briefgeheimnis schützten. Bisher mussten sich die Geheimdienstler über solche Dinge keine Gedanken machen, doch nun veränderte sich die Lage.

Der nächste Schock für die MfS-Mitarbeiter war der Fall der Mauer, von dem sie ebenso überrascht wurden wie der Rest der Bevölkerung. Der chaotische Verlauf der Grenzöffnung wirkte auf die Angehörigen der Sicherheitsorgane zutiefst verunsichernd.

„Der Kalte Krieg ist zu Ende." George Bush senior und Michail Gorbatschow am 2. Dezember 1989 auf dem Kreuzer Maxim Gorki vor Malta

Nun begann es auch im Innern der Staatssicherheit zu rumoren, denn die Mitarbeiter fühlten sich von ihrer Führung im Stich gelassen, die ihnen nicht sagen konnte, wie es weitergehen sollte.

Einen neuen Tiefpunkt erreichte die Stimmung, als Mielke, der eine knappe Woche zuvor mit der gesamten Regierung zurückgetreten war, am 13. November hilflos vor der Volkskammer stammelte: „Ich liebe, ich liebe doch alle, alle Menschen. Ich liebe doch – ich setze mich doch dafür ein." Das Versagen der eigenen Führung war von nun an das dominante Gesprächsthema im MfS.

Mit der Regierungsneubildung am 18. November 1989 wurde das MfS in Amt für Nationale Sicherheit (AfNS) umbenannt. Zu diesem Zeitpunkt fanden schon massenweise Entlassungen im Ministerium statt. Nach offiziellen Angaben der DDR-Regierung waren bis dahin schon 30 000 Mitarbeiter entlassen und weitere 20 500 in volkswirtschaftliche Betriebe versetzt worden. Von den restlichen 32 500 Bediensteten sollten 20 000 in der nächsten Zeit entlassen werden. Die verbliebenen 12 500 wurden nach Regierungsangaben noch zur beschleunigten Auflösung des ehemaligen MfS benötigt.

Am 7. Dezember forderte der Zentrale Runde Tisch die Auflösung des AfNS, eine Woche später beschloss der Ministerrat, die Behörde aufzulösen und durch einen sehr viel kleineren Verfassungsschutz, der rund 10 000 Mitarbeiter beschäftigen sollte, zu ersetzen. Dazu kam es jedoch nicht mehr, die Staatssicherheit wurde vollständig aufgelöst.

Die nach Meinung der Bürgerrechtler zögerliche Abwicklung des MfS und seiner Nachfolgeeinrichtung führte in der Bevölkerung zu massiver Verärgerung. Immer wieder kam es zu Protesten und Demonstrationen. Um den Druck auf die Regierung zu erhöhen, rief die Bürgerbewegung Neues Forum zu einer Protestdemonstration am 15. Januar 1990 vor der Zentrale des MfS in der Normannenstraße auf. 100 000 Demonstranten sollen nach Angaben des DDR-Fernsehens dem Aufruf gefolgt sein und drängten sich vor dem Eingang des ehemaligen Ministeriums. Die Volkspolizei riegelte das Gelände ab, griff aber nicht in das Geschehen ein. Lautstark forderten die Demonstranten die Öffnung des Eingangstores. Gegen 17:00 Uhr stürmten sie das Gelände, auf dem sich nur noch wenige Mitarbeiter des MfS befanden. In der

Zentrale kam es zu tumultartigen Szenen, Scheiben barsten, Möbel und Akten flogen aus den Fenstern. Nach einiger Zeit beruhigte sich die Szene wieder, und nach drei Stunden hatten die meisten Demonstranten das Gelände wieder verlassen.

Später wurde spekuliert, ob der Sturm auf die Zentrale von den Geheimdienstlern selbst initiiert worden sei, um radikale Auflösungspläne, wie sie am Runden Tisch verabschiedet werden sollten, zu unterlaufen. Zu leicht, hieß es, habe sich das schwere Stahltor am Eingang öffnen lassen. Hell erleuchtete Gebäude hätten die Protestler anlocken sollen, während weitaus wichtigere Räume unbeachtet im Dunkeln blieben. Belegen lassen sich diese Spekulationen nicht.

Große Teile der MfS-Akten sind bis zur deutschen Einheit vernichtet worden. Schon in den Jahren zuvor hatten Mielkes Geheimdienstler in größerem Umfang Altakten kassiert, allerdings nicht, weil man erkannt hatte, dass das Spitzelsystem übertrieben worden war, sondern schlicht, weil in den Archiven Platz für neue geschaffen werden sollte. Im November 1989 lief die Aktenvernichtung dann auf Hochtouren. So landeten zum Beispiel 96,4 Prozent der Unterlagen der HA III im Reißwolf. 50 bis 80 LKW-Ladungen mit Grenzübertrittsdokumenten der HA VI und 100 Ladungen mit Protokollen von abgehörten Telefonaten wurden zur Vernichtung gefahren. Im Februar 1990 erfolgte mit Zustimmung des Runden Tisches die Zerstörung zahlreicher elektronischer Dateien und Karteisysteme.

Noch einmal machte das MfS von sich reden, nämlich bei der Aktion „Rosenholz". Dies war das Stichwort, unter dem nach der deutschen Einheit 381 CD-ROMs mit diversen Personendaten in die Hände der CIA gelangten. Es handelte sich dabei hauptsächlich um mikroverfilmte Karteikarten der HV A, unter anderem mit Personendaten von MfS-Spionen im Westen. Zum Inhalt der Dateien heißt es bei der Stasi-Unterlagenbehörde: „Die vorliegenden HV A-Karteien enthalten rund 280 000 Personendaten aus der gesamten Zeit der HV A-Tätigkeit bis zum Zeitpunkt der Verfilmung 1988. Eine Hochrechnung der ausgezählten Teilmengen ergab: Etwa 150 000 davon entfielen auf Bundesbürgerinnen und -bürger und etwa 107 000 auf Bürgerinnen und Bürger der DDR. Bei schätzungsweise 90 Prozent dieser Daten handelte es sich nicht um Inoffizielle Mitarbeiter des MfS, sondern um Personen, die aus dem Umfeld der Spitzel stammten oder aus anderen für das MfS wichtigen Gründen erfasst wurden. Ungefähr 1500 Inoffizielle Mitarbeiter waren 1989 noch in der Bundesrepublik aktiv."

Am 15. Januar 1990 stürmen Tausende Demonstranten die Zentrale des ehemaligen MfS in der Normannenstraße.

Wie die Dateien zur CIA kamen, ist nicht geklärt. Nach Aussagen ehemaliger CIA-Mitarbeiter stammten die Mikrofilme von einem KGB-Offizier, der sie für 75 000 US-Dollar verkauft habe.

Eine andere Theorie behauptet, dass im Dezember 1989 der HV-A-Oberstleutnant Rainer Hemmann den Befehl erhalten hatte, die mikroverfilmte Datei nach Karlshorst zu transportieren, um sie dort dem KGB-Verbindungsoffizier Alexander Prinzipalow auszuhändigen, der sie in die Sowjetunion schaffen sollte. Man war nämlich davon ausgegangen, dass die Datenträger nur dort sicher verwahrt werden konnten. Dies war jedoch ein Irrtum, denn ein CIA-Mitarbeiter nahm Kontakt zu dem in Ost-Berlin stationierten KGB-Oberst Alexander Sjubenko auf, der ihn an Prinzipalow weitervermittelte. Diese drei Geheimdienstmitarbeiter schafften dann die Mikrofilme während der Wirren, die durch den Zusammenbruch der Sowjetunion entstanden, im Sommer 1992 in die USA.

Die Amerikaner verweigerten ihren Verbündeten längere Zeit die Einsicht in die Dateien. In der Bundesrepublik nahm man an, dass die CIA zunächst prüfen wollte, welche ehemaligen MfS-Spione man „umdrehen" und gegen die Sowjetunion bzw. Russland einsetzen konnte. Nach langen Verhandlungen gelangten die Dateien mit Deutschlandbezug schließlich zum BfV nach Köln, wo sie von den Verfassungsschützern ausgewertet wurden. Da die

Dateien auf Weisung der CIA nicht an andere Behörden weitergeleitet werden durften, verbrachte ein Mitarbeiter des Berliner Verfassungsschutzes mehrere Wochen beim BfV in Köln, um die Daten mit Berlin-Bezug vor Ort auszuwerten.

Nach der deutschen Einheit wurde in rund 3000 Fällen gegen Bundesbürger wegen Spionage für das MfS ermittelt, ungefähr die Hälfte davon betraf Inoffizielle Mitarbeiter der HV A im Westen. In mehr als 300 Fällen führten die Ermittlungsverfahren zu Verurteilungen. Haftstrafen wurden in 62 Fällen verhängt.

Die westalliierten Geheimdienste beendeten ihre Tätigkeit als Besatzungsorgane in Berlin offiziell mit der deutschen Einheit. Allerdings waren ihre Aktivitäten damit längst nicht zu Ende. Personal und Equipment waren vorhanden, und man dachte gar nicht daran, diese Vorteile aufzugeben. Der Berliner Verfassungsschutz ging Mitte der 1990er-Jahre davon aus, dass die Zahl der westalliierten Spione in Berlin höher war als die der russischen.

Auch für die bundesdeutschen Sicherheitsbehörden kam der Mauerfall völlig überraschend. Niemand wusste, wie die Entwicklung weiter verlaufen würde und wie man reagieren sollte. Wenige Tage nach der Öffnung der Mauer fand in Boppard am Rhein ein Seminar des BfV zur Schulung von Geheimschutzbeauftragten bundesdeutscher Sicherheitsbehörden statt, in dem es um die

Spionageabwehr ging. Natürlich war die Öffnung der Mauer das Gesprächsthema Nummer eins. Es wurde viel spekuliert, auch das mögliche Ende der Ost-/Westspionage wurde diskutiert. Der Schulungsleiter wollte jedoch nicht daran glauben, dass sich an der geheimdienstlichen Konfrontation zwischen West und Ost auf absehbare Zeit etwas ändern würde, und zog sein Programm, in dem er immer wieder auf die Gefährlichkeit östlicher Geheimdienste hinwies, unbeeindruckt durch.

Eine CD mit den von den Amerikanern zurückgegebenen „Rosenholz"-Stasiakten mit Deutschlandbezug

Bei der Berliner Polizei kam sehr schnell die Forderung auf, Reisebeschränkungen für Mitarbeiter des Staatsschutzes aufzuheben. Diese Polizeiangehörigen durften nicht in die DDR und andere Ostblockstaaten reisen, einigen war sogar die Benutzung der Transitstrecken untersagt. Am 22. Dezember 1989 erfüllte Innensenator Erich Pätzold ihren Wunsch, und schon eine Stunde später zeigten die Westalliierten, wer im westlichen Stadtteil Berlins noch zu bestimmen hatte: Sie hoben Pätzolds Entscheidung kurzerhand wieder auf und verhängten erneut ein Reiseverbot, das bis Ostern 1990 Bestand hatte.

Die West-Berliner Sicherheitsbehörden reagierten auf die neue Situation nach dem Mauerfall verunsichert. Waren die westalliierten Geheimdienstler bisher diejenigen, die das Sagen hatten, waren sie nun plötzlich fremde Dienste, deren Treiben aufmerksam verfolgt werden musste. Darauf waren die Berliner Sicherheitsexperten weder personell noch mental vorbereitet. Aber auch die alliierten Dienste befanden sich in einer neuen Situation. Konnten sie bis zur deutschen Einheit nach Gutdünken am deutschen Recht vorbei agieren, war das von einem Tag auf den anderen nicht mehr möglich. Während sie zum Beispiel bisher unbeschränkt personenbezogene Daten bei den Berliner Meldebehörden abgefragt hatten, galt nun auf einmal deutsches Datenschutzrecht auch für sie. Man kann behaupten, dass die Berliner Sicherheitsleute genüsslich ihre bisherigen Befehlshaber zappeln ließen.

Die Spionage im Kalten Krieg ist ein spannendes Kapitel deutscher Geschichte, das nicht nur die Politik auf beiden Seiten des Eisernen Vorhangs beeinflusste, sie ist auch ein Stück deutscher Gesellschaftsgeschichte, das dokumentiert, wie Menschen in West und Ost sich aus politischer Überzeugung oder aber aus Geldgier dafür hergaben, für fremde Geheimdienste zu arbeiten.

ABKÜRZUNGSVERZEICHNIS

AGM/S	Arbeitsgruppe des Ministers/Sonderaufgaben im Ministerium für Staatssicherheit
AfNS	Amt für nationale Sicherheit, Nachfolgebehörde des MfS
BfV	Bundesamt für Verfassungsschutz, unter anderem zuständig für die Spionageabwehr in der Bundesrepublik Deutschland
BMI	Bundesministerium des Innern
BND	Bundesnachrichtendienst, Auslandsnachrichtendienst der Bundesrepublik Deutschland
BOB	Berlin Operations Base, Berliner Außenstelle der CIA
CIA	Central Intelligence Agency, amerikanischer Geheimdienst
CIC	Counter Intelligence Corps, amerikanischer Armee-Geheimdienst bis 1961
Detachment A	amerikanische Stay-behind-Organisation in Berlin
DGSE	Direction Générale de la Sécurité Extérieure, französischer Auslandsgeheimdienst ab 1982
FEK	Abteilung Funkelektronischer Kampf des Ministeriums für Nationale Verteidigung der DDR
EKKI	Exekutivkomitee der Kommunistischen Internationale in der Sowjetunion
FdJ	Freie Deutsche Jugend, Jugendorganisation in der DDR
FHO	Fremde Heere Ost, Nachrichtendienst im Generalstab der deutschen Wehrmacht
GCHQ	Government Communications Headquarters, britischer Funkaufklärungsdienst
GRU	Glawnoje Raswedywatelnoje Uprawlenije, sowjetischer Militärgeheimdienst
HA	Hauptabteilung des MfS
HV A	Hauptverwaltung Aufklärung des MfS, zuständig für die Auslandsspionage
IM	Inoffizieller Mitarbeiter des MfS
INSCOM	United States Army Intelligence and Security Command, amerikanischer Militärgeheimdienst

KGB	Komitet gossudarstwennoi besopasnosti pri Sowjete Ministrow SSSR, Komitee für Staatssicherheit, sowjetischer Geheimdienst bis 1991
KgU	Kampfgruppe gegen die Unmenschlichkeit
KI	Komitet Informatij, sowjetischer Auslandsgeheimdienst 1947 – 1951
LKA	Landeskriminalamt
MfNV	Ministerium für Nationale Verteidigung der DDR
MfS	Ministerium für Staatssicherheit. Geheimdienst der DDR
MGB	Ministerstwo gossudarstwennoi besopasnosti, Ministeriums für Staatssicherheit, Vorläufer des KGB bis 1954
MI 6	Military Intelligence, Abteilung 6, britischer Auslandsgeheimdienst
MVM	Militärverbindungsmission
NKWD	Narodnyj kommissariat wnutrennich del, sowjetisches Innenministerium unter Stalin
NVA	Nationale Volksarmee der DDR
OSS	Office of Strategic Services, amerikanischer Geheimdienst in der Zeit von 1942 bis 1945
OTS	Operativ Technischer Sektor des MfS
PSSE-B	Physical Security Support Element-Berlin, amerikanische Stay-behind-Organisation in Berlin
RIAS	Rundfunk im amerikanischen Sektor
SBO	Stay-behind-Organisation, militärische Untergrundeinheit
SDECE	Service de Documentation Extérieure et de Contre-Espionnage, französischer Auslandesgeheimdienst bis 1982
SfS	Sekretariat für Staatssicherheit, zeitweise Benennung der Staatssicherheit der DDR
SIS	Secret Intelligence Service, britischer Auslandsgeheimdienst, auch bekannt als MI 6
SMAD	Sowjetische Militäradministration in Deutschland
SWR	Sektor Wissenschaft und Technik der HV A des MfS
UFJ	Untersuchungsausschuss Freiheitlicher Juristen
USAFSS	United States Air Force Security Service

LITERATURVERZEICHNIS

Bailey, George/Kondraschow, Sergej A./Murphy, David E.: Die unsichtbare Front. Der Krieg der Geheimdienste im geteilten Berlin, Berlin 2000

Cocroft, Wayne D./Schofield, John: Der Teufelsberg in Berlin. Eine archäologische Bestandsaufnahme des westlichen Horchpostens im Kalten Krieg, Berlin 2016

Deutscher Bundestag: Beschlussempfehlung und Bericht des 2. Untersuchungsausschusses nach Artikel 44 des Grundgesetzes, Drucksache 10/6584

Engelmann, Roger/Halbrock, Christian/Joestel, Frank, in: Vernichtung von Stasi-Akten. Eine Untersuchung zu den Verlusten 1989/90, Hrsg.: Der Bundesbeauftragte für die Unterlagen des Staatssicherheitsdienstes der ehemaligen Deutschen Demokratischen Republik (BStU), Berlin 2020

Fricke, Karl Wilhelm/Engelmann, Roger: „Konzentrierte Schläge“. Staatssicherheitsaktionen und politische Prozesse in der DDR 1953–1956, Berlin 1998

Gieseke, Jens: Die Stasi 1945–1990, 2. Auflage München 2011

Hartwich, Doreen/Mascher, Bernd-Helge: Geschichte der Spezialkampfführung (Abteilung IV des MfS). Aufgaben, Struktur, Personal, Überlieferung, Hrsg.: Der Bundesbeauftragte für die Unterlagen des Staatssicherheitsdienstes der ehemaligen Deutschen Demokratischen Republik (BStU), Berlin 2020

Heidenreich, Ronny: Die DDR-Spionage des BND. Von den Anfängen bis zum Mauerbau, Berlin 2019

Kellerhoff, Sven Felix/von Kostka, Bernd: Hauptstadt der Spione. Geheimdienste in Berlin im Kalten Krieg, Berlin 2016

Labrenz-Weiß, Hanna: Die Hauptabteilung II: Spionageabwehr (Handbuch), Hrsg.: Der Bundesbeauftragte für die Unterlagen des Staatssicherheitsdienstes der ehemaligen Deutschen Demokratischen Republik (BStU), Berlin 1998

Maddrell, Paul: Im Fadenkreuz der Stasi: Westliche Spione in der DDR. Die Akten der Hauptabteilung IX, in: Vierteljahreshefte für Zeitgeschichte 2/2013, S. 141–171

Muhle, Susanne: Auftrag: Menschenraub. Entführungen von West-Berlinern und Bundesbürgern durch das Ministerium für Staatssicherheit der DDR, Göttingen 2015

Schmidt, Andreas: Hauptabteilung III. Funkaufklärung und Funkabwehr, Hrsg.: Der Bundesbeauftragte für die Unterlagen des Staatssicherheitsdienstes der ehemaligen Deutschen Demokratischen Republik (BStU), Berlin 2010

Schröder, Klaus/Staadt, Jochen (Hrsg.): Feindwärts der Mauer. Das Ministerium für Staatssicherheit und die West-Berliner Polizei, Frankfurt/M. 2014

Soldat, Hans-Georg: DDR-Autoren, der RIAS und das MfS, https://www.yumpu.com/de/document/read/5610043/ddr-autoren-der-rias-und-das-mfs-hans-georg-soldat (aufgerufen am 26. 5. 2021)

Stejskal, James: US-Spezialkräfte in Berlin. Detachment „A“ und „PSSE-B“ – Geheime Einsätze im Kalten Krieg (1956–1990), Berlin 2018

Stiller, Werner: Im Zentrum der Spionage, 3. Auflage Mainz 1986

Stöwer, Bernd: Der Fall Otto John – Neue Dokumente zu den Aussagen des deutschen Geheimdienstchefs gegenüber MfS und KGB, in: Vierteljahreshefte für Zeitgeschichte 1/1999, S. 103–136

Taylor, Frederick: Die Mauer. 13. August 1961 bis 9. November 1989, München 2009

Welsch, Wolfgang: Ich war Staatsfeind Nr. 1. Als Fluchthelfer auf der Todesliste der Stasi, 5. Auflage München 2006

Bild Seite 2: Radarstation am Eingang des britisch-amerikanischen Spionagetunnels, der von Rudow nach Alt-Glienicke führte

BILDNACHWEIS

Titelbild: picture-alliance/dpa | **akg-images:** 13 (holzmann-bildarchive.de/HDB), 28/29 (Tony Vaccaro), 35 (Matthias Lüdecke), 36/37 (Hansgert Lambers), 42/43 (Interfoto), 57, 58 (Philippe Ledru), 73, 88, 97 l. (Bildarchiv Steffens), 114 (TT News Agency), 127, 128/129, 138, 145, 146 (Associated Press), 154, 181 (Peter Hebler), 190 (Universal Images Group/Sovfoto) – **Archiv Elsengold Verlag:** 143 (Sammlung Jürgen Grothe) – **Bundesarchiv:** 2 (Bild 183-37916-0004/Horst Sturm), 15 (Bild 183-08749-0001/Walter Heilig), 16 (Bild 183-60945-0005/Rudi Ulmer), 25 (Bild 183-22750-0013/Funck), 38 (Bild 183-G0328-0202-001/Rainer Mittelstädt), 41 (Bild 183-N0521-333), 50 (Bild 183-60308-0004), 63 (Bild 183-37818-0004/Walter Heilig), 77 (Bild 183-14812-0007/Hans-Günter Quaschinsky), 79 (Bild 183-45458-0010), 85 (Bild 183-1992-0730-500/dpd), 86 (Bild 183-65559-0002), 89 (Bild 183-31316-001/Günter Weiß), 111 (Bild 183-37695-0059), 118 (Bild 183-S88610/Walter Heilig), 125 (Bild 183-22750-0004/Heinz Junge), 135 (Bild 183-25876-0001/Walter Heilig), 152/153 (Bild 183-19000-2620), 164 (Bild 183-1989-1104-431/Peer Grimm), 200 (Bild 183-1990-0115-029/Thomas Uhlemann) – **Deutsch-Russisches Museum Karlshorst:** 156 (205080-78189) – **Dietmar Peitsch:** 176 – **picture-alliance:** 6 (dpa/Soeren Stache), 18/19 (Dieter Klar), 23 (dpa/Tass 367421), 46/47 (Istvan Baizat), 52 (dpa), 64 (dpa/Kai-Uwe Wärner), 72 (dpa), 94 (Zettler), 97 r. (Zentralbild/Hubert Link), 102/103 (dpa/Chris Hoffmann), 109 (Associated Press), 116 (Zentralbild/Heinz Junge), 136 (dpa/dpaweb/epa pa), 148 (dpa/Günter Bratke), 150 (zumapress.com/Keystone Pictures USA), 163 (dpa/Soeren Stache), 167 (Horst Galuschka), 185 (dpa/Heinrich Sanden), 187 (dpa/Roland Scheidemann), 191 (dpa), 192 (dpa/Jörg Schmitt), 194/195 (Berliner Kurier/Hansjoachim Mirschel), 196 (dpa/Peer Grimm), 199 (dpa/AFP), 202 (dpa/Wolfgang Krumm) – **Polizeihistorische Sammlung Berlin:** 99, 107 – **ullstein bild:** 105, 121, 159 (Joachim Schulz), 174/175 (ASD), 178/179 (Berlin-Bild), 184 (dpa) – **Wikimedia Commons:** 11 (Bodo Kubrak), 32 (Ken Meyer), 67 (Eckehard Baals), 70 (Catatine High), 81 (Bodo Kubrak), 90/91 (Jörg Zägel), 131 (Archiv Karl Wilhelm Fricke), 160/161 (Steffen Prößdorf), 170/171 (Cocktail Steve), 179 (OFTW)

IMPRESSUM

Gestaltung und Satz: Mario Zierke, Berlin

Printed in Slovenia

ISBN 978-3-96201-076-8

www.elsengold.de | www.wasmitgeschichte.de